LA SOUS-TRAITANCE

À L'AUBE DU XXIe SIÈCLE

Collection *Dynamiques d'Entreprises*

Dernières parutions

CASTEL François (du), *La révolution communicationnelle, les enjeux du multimédia*, 1995.
COVA Bernard, *Au-delà du marché : quand le lien importe plus que le bien*, 1995.
REGNAULT Gérard, *Réussir son plan de formation dans une P.M.E.*, 1995.
LES CAHIERS DU CARGÈSE, *Sciences sociales et entreprises. Histoire de partenariats*, 1995.
LELEU Pascal, *Le développement du potentiel des managers. La dynamique du coaching*, 1995
RIFAI Nabil, *L'analyse des organisations. Démarches et outils sociologiques et psychologiques d'intervention*, 1996.
SIWEK J., *Le syndicalisme des cols blancs*, 1996.
MARTIN D., *Modernisation des entreprises en France et en Pologne: les années 80*, 1996.
REGNAULT Gérard, *La communication interne dans une P.M.E. Outils et comportements pour travailler ensemble*, 1996.
MARQUIS François Xavier, *La technologie aux portes des PME*, 1996.
HENRIOT Christian, *La réforme des entreprises en Chine. Les industries shanghaiennes entre Etat et marché*, 1996.
LACHAT Salomé & LACHAT Daniel, *Stratégies de rupture et innovation de l'entreprise*, 1996.
PONSSARD Jean-Pierre (ed.), *Concurrence interrnationale, croissance et emploi*, 1997.
BAUER Michel et BERTIN-MOUROT Bénédicte, *L'ENA : est-elle une business school?* 1997.
ALET Dominique, *Les enjeux actuels du management*, 1997.
REGNAULT Gérard, *Les relations sociales dans les P.M.E.*, 1997
VIALE Thierry, *La communication d'entreprise. Pour une histoire des métiers et des écoles*, 1997.
FROIS Pierre, *Entreprise et écologie*, 1997.

Claude ALTERSOHN

LA SOUS-TRAITANCE

À L'AUBE DU XXIe SIÈCLE

Éditions L'Harmattan
5-7, rue de l'École-Polytechnique
75005 Paris

L'Harmattan Inc.
55, rue Saint-Jacques
Montréal (Qc) – CANADA H2Y 1K9

© L'Harmattan, 1997
ISBN : 2-7384-5828-9

REMERCIEMENTS

Parmi les nombreuses personnalités qui ont contribué à la préparation de cet ouvrage, l'auteur tient à remercier tout particulièrement, outre Daniel COUE de l'Usine Nouvelle qui a joué un rôle important dans la conception de l'ensemble :

Nicole BEAUCLAIR d'Air et Cosmos

Lionel BERNY de l'AFAQ

Benjamin CAMUS et les autres collaborateurs du SESSI qui ont conçu et réalisé l'enquête « Liaisons industrielles »

Jean Luc BRILLANCEAU, délégué Général du Centre National de la Sous-Traitance

Jean GERMANO, délégué Général du Réseau International des Organismes de Sous-Traitance

Armèle GORJEU et René MATHIEU du Centre d'Etudes de l'Emploi

François GUIBERT, Juriste Consultant d'Entreprises

François PARCY, chargé de mission à la Direction de l'Action Régionale et de la Petite et Moyenne Industrie, responsable du secrétariat de la Commission Technique de la Sous-traitance

SOMMAIRE

INTRODUCTION 15
Chapitres :
I – L'évolution de la sous-traitance industrielle en France :
les données disponibles. 27
II – Les quatre principaux groupes
d'industries de sous-traitance 47
III – Le partenariat est-il devenu une réalité ? 63
IV – L'évolution récente des systèmes de partenariat 73
V – Assurance quantité et qualité totale 85
VI – Les contraintes liées au fonctionnement en flux tendus 99
VII – Sous-traitance et intelligence économique. 109
VIII – Le sort des PME non partenaires 121
IX – Les problèmes sectoriels les plus actuels : la réduction des commandes émanant de l'aéronautique militaire et des autres industries d'armement 135
X – Localisations : anciens sites et nouvelles implantations. 147
XI – De l'internationalisation à la mondialisation 155
XII – Choix stratégiques et approche du marché potentiel 171
CONCLUSIONS 187

ANNEXES
I – La sous-traitance japonaise : changements en cours 193
II – L'industrie du décolletage en Haute Savoie 197
III – Le bassin d'OYONNAX : la « Plastics Valley » 199
IV – Programme de travail de la section « Industrie de la Commission Technique de la Sous-traitance 201
V – Calendrier 1997 des salons présentant les savoir-faire des sous-traitants dans l'union européenne 205
VI – Les contacts les plus utiles 209

PREFACE

L'entrée dans le 21ᵉ siècle s'accompagne de changements qui impriment un nouveau rythme à l'évolution déjà rapide des modes de production. Changements n'ont pas seulement une incidence sur l'organisation interne et les méthodes de fonctionnement des entreprises. Ils en ont une aussi sensible sur la nature et les modalités de gestion des relations qui les rapprochent notamment lorsqu'il s'agit de rapports entre donneurs et preneurs d'ordres. Etant observé que ces changements ne se limitent pas à la simple substitution de relations de partenariat aux relations de sous-traitance au sens donné habituellement à cette expression dans la pratique industrielle.

C'est précisément la difficulté de bien saisir le sens de ces changments qui fait du nouveau livre de Claude ALTERSOHN une tentative originale. Son sujet est, en effet, fort complexe. Les problèmes soulevés par le développement de la sous-traitance étaient relativement simples à résoudre, tant qu'elle s'inscrivait dans une logique très proche du taylorisme sur un marché cloisonné et très peu ouvert. A condition que deux conditions soient remplies : d'une part, la réalisation d'un consensus sur la signification des notions à manier et sur les enjeux correspondants, d'autre part, la détermination d'un certain nombre d'obligations déontologiques propres à limiter les risques d'abus de positions dominantes ou de rupture unilatérale et soudaine des engagements contractuels. La première de ces conditions fut remplie en grande partie grâce à une contribution apportée en 1987 par l'AFNOR sous la forme du fascicule de documentation X 50-300 « organisation et gestion de la production industrielle-vocabulaire ». Ce véritable guide proposait une définition de portée générale de la sous-traitance manufacturière et toute une série de définitions accessoires permettant d'indentifier les différentes formes de sous-traitance. L'ensemble reste tout à fait valable à l'heure actuelle. Sur le plan déontologique, après le franchissement d'une première étape grâce à la publication en 1972 d'une Charte de la Sous-traitance, les progrès les plus remarquables furent accomplis dans le cadre de l'œuvre doctrinale élaborée par la Commision Technique de la sous-traitance dont Claude ALTERSOHN fut pendant douze ans l'animateur. En particulier, les travaux de cette Commission permirent l'établissement d'une doctrine dont la mise en œuvre favorisa la substitution de relations de partenariat plus équilibrées à des formes classiques de sous-traitance stricto sensu.

En 1992, Claude ALTERSOHN a déjà fait paraître un livre qui traitait précisément des conditions du passage au partenariat. Son nouvel ouvrage s'efforce de prendre le recul nécessaire pour répondre aux interrogations que l'expérience acquise au cours de ces dernières années conduit à formuler. Mais, plus encore, il s'est astreint à placer les relations d'un nouveau type que se créent dans le contexte général caractérisé par la multplication d'innovations techniques et organisationnelles ayant pour effet de vouleverser complètement les manières de créer, de produire et de vendre. L'accent est mis tout particulièrement sur deux élément essentiels : la généralisation de l'usage des systèmes d'assurance qualité grâce à la certification d'application conforme des normes ISO d'une part, l'influence prédominante des contraintes de flexibilité sur l'ensemble du processus procuctif d'autre part.Etant observé que le fonctionnement en juste à temps implique une gestion de la qualité ramenant à des niveaux infinitésimaux les risques de défauts ou de dysfonctionnements admissibles. On ne peut que souligner, à ce sujet, l'importance du développement d'un système national de certification d'entreprise auquel l'AFNOR a contribué et qui permet à la France d'offrir dans ce domaine les garanties les plus sérieuses et donc les plus crédibles sur le plan européen.

La grande place au développement de l'intelligence économique que cet ouvrage accorde en tant que moyen d'accroître les effets de synergie et d'améliorer la compétitivité globale des entreprises par la conjugaison de stratègies appropriées est essentielle. La sous-traitance est sans aucun doute l'un des champs les plus favorables à l'application des principes que le rapport sur l'intelligence économique de la commission présidée par Monsieur Henri MARTRE a permis de dégager.

Cet ouvrage n'aurait pas mérité son titre s'il n'avait fourni aucun éclairage sur les perspectives à moyen terme qui semblent se dessiner dans le domaine étudié. Il n'est pas entré dans le jeu des pronostics hasardeux mais, sur le plan de la prospective, son contenu ne devrait pas manquer d'intérêt non seulement pour les gestionnaires qui s'efforcent de dépasser leurs préoccupations à court terme, mais aussi pour les spécialistes de l'économie industrielle, voire même pour les politologues. Ce qu'il laisse prévoir, en effet dans le mondialisation d'une économie exarcerbée par la concurrence, c'est la poursuite à un rythme encore plus rapide par la plupart des grandes entreprises des politiques à la fois d'externalisation et de recentrage sur leurs métiers de base. Le renforcement ou la création de ces réseaux à plusieurs strates qui tendent à donner une physionomie très particulière à l'économie industrielle oblige à se préoccuper du sort des PMI sous-traitantes dont la plupart sont reléguées à des rangs inférieurs dans ces configurations où il faut être concepteur à part entière pour garder le contact direct avec les grands donneurs d'ordres. C'est aussi et surtout, au-delà de l'achèvement de la construction du marché européen unifié, l'entrée dans l'ère de la mondialisation des échanges en relation avec le développement à un rythme exponentiel » des nouveaux modes de communication liées aux nouvelles technologies (échange informatique des données, techniques de virtualisation notamment).

Reste enfin une question majeure, abordée sans détour dès le commencement du livre. Faut-il s'en tenir aux définitions actuelles que caractérisent l'état de sous-traitant par le fait qu'il est amené à réaliser un produit ou exécuter une prestation dont la conception a été exclusivement l'affaire du donneur d'ordres ? Ou faut-il donner droit de cité à la notion de « sous-traitanc élargie », telle que ce vocable est défini jpar les travaux les plus récents d'EUROSTAT et l'enquête « liaisons industrielles » qui a été effectuée pour 1995 par le Service des Statistiques Industrielles du Ministère de l'Industrie ? Notion qui se fonde sur la spécificité du produit réalisé et sur l'existence de droits d'exclusivité reconnus au destinataire. Dans le contexte actuel, le respect du statu quo signifie que, le sous-traitance ne pouvant pratiquement plus être un fournisseur de premier niveau, n'est rien d'autre que l'exécutant d'un donneur d'ordres. La notion de sous-traitance élargie amène à reconsidérer les distinctions habituellement faites entre les équipementiers et les sous-traitants. L'enjeu est évidemment considérable. Un organisme tel que l'AFNOR ne saurait s'en désintéresser en raison de l'importance et de la difficulté des problèmes qu'il peut soulever dans le domaine de la certification d'entreprise, et plus largement dans celui des réferentiels de performances, de processus, de services... que constituent les normes européens et internationals, dont chacun sait aujourd'hui qu'elles sont tout sauf neutres pour les entreprises ce qui explique l'agressivité de certains auteurs dans des domaines en forte expansion.

Bernard VAUCELLE,
Directeur Général de l'AFNOR

INTRODUCTION

Les Français ont un goût particulier pour la sémentique. A tel point qu'une sorte d'insatisfaction chronique éprouvée vis-à-vis de leur propre langage les incite facilement à jeter aux orties quantité de mots ou d'expressions qui avaient eu momentanément leurs faveurs. Tantôt parce qu'ils leur paraissent dépassés, tantôt, par simple désir de renouvellement pour employer un mot qui, pris dans son sens actuel, ne paraît pas promis à un grand avenir, pour ne pas être « ringard ».

De ce point de vue, le problème ontologique de la sous-traitance se pose dans des termes qui ne sont pas sans rappeler ceux de l'aveugle devenu non-voyant du facteur promu préposé et de tous les départements dont un changement de dénomination a tenté de modifier l'image. Nous n'irions pas jusqu'à prétendre que ce problème serait résolu en adoptant un vocable ayant la même signification mais ne plaçant plus ipso facto le sous-traitant en position d'infériorité. Néanmoins, il est permis de penser que ce « sous » n'est plus de mise à l'heure du partenariat.[1]

Certes, on peut faire l'impasse en laissant l'évolution se produire spontanément. En considérant que l'étiquette importe peu et que l'action concrète, la gestion quotidienne des entreprises n'ont que faire des batailles d'appellations. Mais on peut tout aussi bien considérer que les choses ne peuvent fonctionner et se transformer sans interaction avec le vocabulaire qui sert à les exprimer. Or, parler de partenariat au lieu de sous-traitance, c'est infiniment plus tonifiant. Enfin, une troisième attitude possible consiste à vouloir faire preuve de réalisme en estimant qu'il faut conserver les mots « sous-traitance » et « sous-traitant » pour les mêmes raisons qui font qu'un chat doit continuer à s'appeler un chat. A quoi bon masquer le fait que la sous-traitance est congénitalement et irrémédiablement porteuse de rapports déséquilibrés en faveur des donneurs d'ordres dans la très grande majorité des cas ? Les partisans de cette attitude réaliste ne contestent pas que des changements importants se sont produits dans la période récente. La gestion de la production assistée par ordinateur et le fonctionnement en flux tendus se sont

---

1 Cf. encadré p.25

généralisés. L'assurance qualité est universellement pratiquée. Elle a largement contribué à l'abandon au moins partiel du système taylorien. La certification de conformité aux normes ISO s'impose de plus en plus. Mais les réalistes font valoir que ces changements n'ont été accomplis que sur le dos des sous-traitants, l'essentiel des gains de productivité étant confisqué par des exigences de rabais dépassant souvent ce que le preneur d'ordres est en état de supporter. De telle sorte que le changement d'appellation ne s'accompagnerait d'aucun progrès.

On touche ici à un très ancien débat de fonds qui porte sur le point de savoir si la sous-traitance est Docteur JEKILL ou Mr HYDE ou si elle est les deux à la fois. L'âpreté de ce débat s'est encore accrue au cours de ces dernières années en raison de l'extension prise par les pratiques d'externalisation dans le domaine de nombreux services où joue à plein la règle du moins disant à l'encontre des salariés des entreprises choisies pour assumer les tâches qui ne sont plus effectuées en interne. Nous n'entrerons pas dans ce débat. Non pas pour éviter de prendre parti mais pour laisser aux lecteurs toute liberté d'appréciation à partir de la description des phénomènes analysés. En toute hypothèse, il ne serait pas bon de porter dans ce livre des jugements de valeur. Son objet est davantage de faire le point de la situation actuelle dans une vue quelque peu prospective, d'apporter des éléments de réponse à la question suivante : dans quelle mesure les enjeux et les contraintes liées au développement de la concurrence internationale sont-ils conciliables avec le maintien en Europe d'industries de sous-traitance respectant les règles les plus élémentaires de dignité professionnelle et de respect du travail manufacturier ? La réponse à cette question est d'autant plus difficile à formuler que la sous-traitance recouvre des types de relations très variés, l'apparition de formes contractuelles de plus en plus élaborées n'ayant pas entraîné la disparition complète des formes les plus anciennes et les plus rétrogrades.

*

* *

La sous-traitance vient effectivement d'une longue histoire, propre à convaincre s'il en était besoin qu'il est peu de pratiques nouvelles sous le soleil. Son principe est aussi vieux que la division du travail :

Les Romains utilisèrent largement les ressources et les techniques des peuples qu'ils avaient soumis à leur imperium pour la production de leurs armements. De la sorte, les citoyens romains purent se consacrer à leur métier de base qui était celui des armes. Par la suite, on sait que la défense de leurs frontières furent confiées à des tribus barbares cantonnées sur les « limes », c'est-à-dire sur les glacis avec un statut de clients (au sens romain du terme) qui fournit un bon exemple de ce que le professeur HAURIOU a défini en usant de l'expression « quasi-intégration ».

Le système de la teneure féodale s'est bâti sur certains types de contrats donneurs-preneurs d'ordres. Le travail à façon en milieu rural fut aux 17e et 18e siècles l'une des formes les plus achevées du précapitalisme. Plus près de nous, des industries dites de métier telles que la forge, la fonderie, la mécanique générale prirent une part que l'on peut qualifier de décisive dans la naissance d'une économie dont le développement se fondait largement sur la production et la transformation du métal en produits ouvrés. Elles n'étaient pas encore qualifiées de sous-traitantes mais elles en possèdaient les caractéristiques. Elles offraient leurs services en complémentarité ou en concurrence avec les ateliers intégrés disposant des mêmes moyens de production, à des prix qui étaient souvent plus bas. Le cas du décolletage fut l'un des plus significatifs. Sa technique s'est répandue non loin des pôles de développement spécialisés dans des activités telles que l'horlogerie qui étaient elles-mêmes grosses consommatrices de produits décolletés. Dans certaines zones, le développement de cet artisanat ou de ce semi-artisanat de production fut favorisé par la faiblesse des rémunérations offertes pour les travaux en cause. Ces rémunérations venaient en effet en complément du produit de l'activité agricole. Ce fut précisément le cas des vallées de l'Arve en Haute Savoie et du Vimeu en Picardie Maritime pour le décolletage. Ces vallées ont conservé une belle vitalité mais, pour ne pas se cantonner dans des productions dépassées, elles s'efforcent maintenant d'effectuer des fabrications plus complexes bien que leur réalisation exige encore une part notable de produits décolletés.

Néanmoins, l'essor de la sous-traitance moderne est lié à l'accroissement soudain et considérable des besoins d'armements et autres produits nécessaires pour nourrir la guerre au cours des deux grands conflits mondiaux du 20e siècle. L'immensité de ces besoins imposa la mobilisation rapide de capacités productrices très supérieures à celles dont disposaient les arsenaux et les usines privées spécialisées dans des fabrications à usage militaire. La conséquence en fut l'inclusion d'un très grand nombre d'autres producteurs privés, des PME pour la plupart, dans de vastes réseaux de sous-traitance. Les liens ainsi créés cessèrent d'exister ou se relâchèrent très vite avec le retour à la paix. Dans l'entre-deux guerres, il arriva même que l'entreprise totalement intégrée dont FORD offrait l'exemple parfait devienne le modèle dominant. Il n'en fut pas ainsi après la guerre de Corée en 1950. Son déclenchement prit au dépourvu les pouvoirs publics américains qui surent en tirer la leçon. Il en résulte que les industries de sous-traitance bénéficient aux Etats-Unis d'une sollicitude qui se manifeste par l'intermédiaire de la Small Business Administration.

Le début des années 1960 fut marqué en France par l'apparition des premières bourses de sous-traitance et par un développement rapide du recours à la sous-traitance de capacité. Les industriels qui appartenaient au secteur de la transformation des métaux éprouvèrent alors le besoin de se différencier nettement des entreprises qui ne produisaient pour compte d'autrui que dans le but de compléter leurs carnets de commandes en produits propres grâce à l'emploi d'équipements utilisés insuffisamment, quitte à travailler à des prix marginaux et sans offrir aucune garantie de suivi à leurs clients occasionnels. Ce fut la raison pour laquelle ces industries de métiers prirent la dénomination d'industries de sous-traitance. Cette nouvelle appellation rencontra d'autant plus de succès que le contrat de sous-traitance a généralement en droit français le caractère d'un contrat d'entreprise. Or, celui-ci fait peser sur le preneur d'ordres des responsabilités moins lourdes que le contrat de vente car elles se limitent au respect des spécifications édictées par le donneur d'ordres dès lors qu'elles ne sont pas contraires aux règles de l'art.

Le développement de la sous-traitance de capacité se poursuivit au cours de la décennie 1970 mais on assista simultanément à l'émergence de la sous-traitance de spécialité. Des donneurs d'ordres de plus en plus nombreux prirent conscience des avantages d'une division du travail permettant de tirer le meilleur profit des savoir-faire respectifs de leurs entreprises et de certaines PME. Des relations structurelles commencèrent à se former. De leur côté, répondant aux multiples incitations des organisations professionnelles et consulaires, des sous-traitants en nombre croissant tentèrent d'échapper à la situation de grande fragilité créée par la grande variabilité des flux de commandes en se spécialisant et en investissant dans des technologies avancées. Ce qui, toutefois, ne les mit pas complètement à l'abri des mesures de rapatriement prises par leurs donneurs d'ordres dans les périodes de conjoncture médiocre comme cela se produisit plusieurs fois dans l'industrie aéronautique dans le cas de l'échec d'un programme.

Enfin, la grande mutation qui se poursuit actuellement s'est amorcée au cours de la décennie 1980. On sait que cette mutation fut due pour une part importante à l'imitation du système japonais. Avec pour conséquence une fidélité aux fournisseurs directs qui n'était pas dans les habitudes occidentales et impliquait une toute autre manière de gérer les relations inter-entreprises. C'est ainsi que, fortement impressionnées par la réussite « insolente » des firmes nippones, nos grandes entreprises tentèrent avec plus ou moins de bonheur de mettre en pratique des recettes qui paraissent marcher, au besoin en les européanisant un peu. L'esprit qualité et les systèmes de Juste-à-temps ne seraient probablement pas développés au même rythme et selon les mêmes modalités s'ils n'avaient pas été expérimentés précédemment avec l'efficacité que l'on sait au Japon puis dans les « dragons asiatiques ».

L'autre facteur de changement décisif a été incontestablement la brusque accélération du rythme des progrès technologiques dans les industries de la communication des données. Des progrès qui ont grandement contribué à donner un caractère véritablement relationnel à des rapports de fournisseur à client qui n'avaient auparavent qu'un caractère commercial. Aboutissement ultime : la construction d'une économie de réseaux multinationaux et, par voie de conséquence l'intégration des fournisseurs ou des gros sous-traitants dans des systèmes prenant des parts actives à la mondialisation des échanges. Cette évolution se traduit par une sophistication et une spécialisation des outils de production poussées au maximum des possibilités techniques. Ces outils doivent toujours être plus productifs et flexibles. Leur emploi doit s'inscrire dans le cadre d'une gestion intégrée du cycle qui va de la conception initiale à la mise sur le marché et cela quelle que soit la multiplicité des opérateurs.

La fin du 20ᵉ siècle se place donc sous le signe de l'externalisation et de la mondialisation.

L'émérgence et maintenant l'avènement d'une économie mondiale fonctionnant sans frontière (« over market ») ont deux effets directs. Elles exacerbent la concurrence ; en même temps elles limitent les marges de manoeuvre financière des entreprises. Il existe toujours des « niches » mais il y a plus de rentes de position durables. IBM en fit l'expérience. La compétitivité Mais elle passe également, et surtout par la qualité des produits, par leurs performances, par les services dont ils sont le support. Le design, l'inovation, l'action commerciale décident du sort des batailles. Pour battre la concurrence, il faut renouveler la gamme de plus en plus fréquemment en lançant des produits plus attractifs mais plutôt moins couteux que les précédents. D'où la nécessité de mobiliser le plus fort potentiel possible de moyens humains, techniques et financiers dans l'investigation des marchés, l'étude des produits, leur promotion. Les capitaux disponibles doivent s'investir prioritairement dans le marketing, la recherche-développement, la réalisation des prototypes, la mise au point des nouveaux modèles, la publicité, la constitution des systèmes et des réseaux de commercialisation. Cela ne signifie nullement qu'industrialisation et production cessent d'être des fonctions stratégiques. Mais, à partir du moment où l'essentiel des moyens doit recevoir d'autres affectations, la gestion de ces deux fonctions doit recevoir des solutions nouvelles. Ce qui explique la vogue actuelle des stratégies d'externalisation et justifie l'appel massif à des firmes ayant le statut de fournisseur-concepteur mais dont beaucoup sont issues de la sous-traitance. Il s'agit en effet de transférer la plus grande part possible, voire la totalité dans des cas extrêmes, des tâches de production vers des entreprises qui s'en font une spécialité. Nous ne sommes donc plus très éloignés du point où la distinction traditionnelle entre fournisseurs proprement dits et simples sous-traitants aura perdu la plus grande partie de sa signification pratique. Le mouvement d'externalisation observé au niveau des grands groupes va sans doute s'étendre à un grand nombre d'entreprises de tailles moyennes opérant, elles aussi, sur des marchés finaux. Dans tous les cas, des producteurs délégués auront à concevoir des composants spécifiques. Cette évolution montre que les praticiens allemands ont eu tout à fait raison d'utiliser le vocable « Zulieferung » qui peut se traduire par « fourniture ad hoc » et donc de privilégier l'idée de spécificité.

La production, force est de le constater, a perdu la prééminence dont elle jouissait à la grande époque du taylorisme mais elle reste la clé de voute du système qui en a pris la place dans la mesure où elle assume pleinement la responsabilité de la qualité et apporte une participation active, fondée sur le vécu quotidien, à la réduction des coûts, la simplification des processus, l'amélioration des produits. A condition, bien entendu, que le producteur ne soit pas traité comme un simple agent d'exécution et qu'il soit incité à se comporter constamment en agent d'innovation.

*
* *

Confrontés aux offensives japonaises et à la concurrence des pays à très bas salaires, les industriels occidentaux ont réagi dans un premier temps en usant principalement de leurs armes habituelles, en poussant les feux de la productivité sans se soucier autant qu'il aurait fallu de la flexibilité de leurs équipements. En augmentant les capacités de production tout en supprimant des emplois, ils n'ont fait souvent qu'aggraver des déséquilibres conjoncturels ou structurels. Ce n'est que très progressivement, d'échecs en replis stratégiques, qu'ils ont pris conscience de la nécessité de changer de tactique. Désormais, les marchés ayant changé de nature tout en se mondialisant, le challenge est double. Il ne suffit plus de trouver des parades plus ou moins efficaces contre des concurrents dangereux. Il faut concevoir des stratégies qui permettent de conserver ou de conquérir des parts de marché en dépit de toutes les incertitudes qui pèsent sur l'évolution des besoins et sur l'existence d'une demande solvable. Objectif dont l'atteinte est particulièrement difficile dans des pays tels que la France où il n'est plus vrai que l'investissement crée l'emploi, où l'accroissement de l'épargne de précaution entraîne la contraction du marché :

La nouvelle donne économique est caractérisée également par une tendance marquée à créer des produits dont la conception est de plus en plus complexe en ce sens qu'elle fait appel à une grande variété de technologies. Nous sommes entrés dans l'ère de la « transversalité ». A la mécanique s'allient maintenant la pneumatique ou l'hydraulique, l'électrotechnique ou l'électronique, les automatismes, l'informatique... Le métal, naguère omniprésent, fait place ou se marie à des matériaux tels que les plastiques, les composites, les élastomères, les céramiques. Entre les métaux eux-mêmes, les substitutions se multiplient. Plus précisément, ce sont les couples « matériaux-procédés » qui sont en confrontation. L'analyse de la valeur, le concept de « lean production » répondent à des objectifs d'optimisation extrêmement contraignants. Dès lors, les grands groupes ne peuvent, en dépit de leur puissance, atteindre un niveau d'excellence partout à la fois, ils sont obligés de limiter strictement la gamme des fabrications à conserver en interne, soit pour des motifs d'ordre stratégique, soit pour des raisons de confidentialité. Etant entendu que cette limitation ne les dispense pas de maîtriser suffisamment les technologies dont leurs fournisseurs sont les spécialistes pour apprécier le bien-fondé des solutions qui leur sont proposées et veiller quand elles sont mises en application à ce qu'elles répondent bien à leurs attentes.

Stratégies d'externalisation, certes. Mais pensées à l'échelle mondiale. Nous ne manquerons pas d'en mettre en lumière les conséquences, surtout celles qui ont le plus d'influence sur les choix de partenaires effectués par ces grands groupes. Nous constaterons notamment que le déploiement géographique des unités d'assemblage final doit avoir pour corollaire un déploiement d'unités aptes à livrer en Juste-à-temps des organes ou des sous-ensemble prêts au montage. Il sera aussi question de l'extension actuelle de la pratique de la source unique qui vise à obtenir d'un seul fournisseur, grâce à l'effet de volume, des conditions particulièrement avantageuses et qui a en outre le mérite de réduire considérablement les risques de diffusion d'informations confidentielles. Mais obligation étant faite à ce fournisseur unique d'être présent au moins par l'implantation d'un centre de stockage sur les différents marchés où l'entreprise leader a elle-même investi.

Il résulte de tout ce qui précède que les conditions mises désormais à l'octroi du statut de partenaire direct par les grandes entreprises ont pour effet d'éliminer la plupart des PME, celles-ci n'étant pas une taille suffisante pour dégager les ressources financières nécessaires. Ceci tend à démontrer combien il serait souhaitable de disposer en France d'un plus grand nombre de ces « grosses moyennes » entreprises qui sont l'un des éléments essentiels de la puissance économique de l'Allemagne, l'exportation n'étant pas dans son cas l'apanage des seules entreprises de très grande taille.

Externalisation et mondialisation : double défi plus encore que double challenge car, pour beaucoup de secteurs composés principalement de PME, il faut parler de questions de survie. Cet ouvrage ne se contente pas de procéder à un état des lieux qui est cependant indispensable : il tend à mettre en évidence l'enjeux de la partie qui se joue actuellement. Exercice encore plus périlleux mais auquel il était impossible de se dérober : essayer en phase finale d'évaluer l'impact possible des technologies du futur, de celles qui donneront vraisemblablement une physionomie renouvelée à l'économie de sous-traitance dans un avenir dont la proximité pourrait bien surprendre les professionnels. Il est clair que cet exercice ne peut conduire à des affirmations catégoriques. Au mieux, il devrait contribuer à nourrir d'utiles réflexions. Mais il nous semble que nous aurions assez bien rempli notre contrat si la lecture de cet ouvrage était de nature à favoriser, même de façon très modeste, une prise de conscience de la gravité et de la complexité de nombreux problèmes qui se posent sous un jour nouveau.

LES DEFINITIONS SUCCESSIVES DE LA SOUS-TRAITANCE

I - CHARTE DE LA SOUS-TRAITANCE du CENAST (Centre National de la Sous-traitance de 1972) :

« La sous-traitance se définit comme l'activité qui consiste à fabriquer ou à façonner un produit ou plus généralement des composants dénommés pièces pour le compte exclusif du donneur d'ordres et conformément aux spécifications techniques et modalités de réception qu'il arrête en dernier ressort en fonction du résultat industriel recherché. »

II - Loi N° 73-1334 du 31 décembre 1975 relative à la sous-traitance :

« *Au sens de la présente loi, la sous-traitance est l'opération par laquelle un entrepreneur confie par un sous-traité et sous sa responsabilité à une autre personne appellée sous-traitant tout ou partie de l'exécution d'un contrat d'entreprise conclu avec le maître de l'ouvrage.* » *Ce texte suppose donc que le maître de l'ouvrage, c'est-à-dire le client final a déjà contracté et peut être identifié au moment de la conclusion du contrat de sous-traitance. De plus, le contrat principal doit être un contrat d'entreprise et non pas un contrat de vente.*

III - Fascicule de documentation AFNOR X 50-300 (novembre 1987) :

On entend par sous-traitance « *Une ou plusieurs des opérations de conception, d'élaboration, de fabrication, de mise en œuvre, ou de maintenance du produit cause dont une entreprise dite donneur d'ordres confie la réalisation à une entreprise dite preneur d'ordres tenue de se conformer exactement aux directives ou spécifications arrêtées en dernier ressort par le donneur d'ordre.*

IV - Définition élargie retenue pour le compte des travaux statistiques d'EUROSTAT :

a) Le donneur d'ordres participe à la conception du produit en fournissant une partie des spécifications au producteur.

b) Le donneur d'ordres est responsable de la commercialisation du produit.

V - Le concept de « sous-traitance élargie » utilisé par l'enquête « liaisons industrielles du SESSI » :

Il regroupe sous ce vocable le travail à façon, les autres productions effectuées sur spécifications du donneur d'ordres, les productions effectuées sur conception du fournisseur mais dont le client garde l'exclusivité de la commercialisation, les prestations portant seulement sur la conception du produit.

Résultats d'un questionnaire organisé par l'Usine Nouvelle en vue de proposer des expressions qui pourraient se substituer au vocable « sous-traitance ». Indications en %

	Donneurs d'ordres	Sous-traitants
Production déléguée	41,7	40,8
Sur mesure industriel	12,7	20,7
Faire faire industriel	8,5	9,4
Impartition	6,9	2

I

L'EVOLUTION DE LA SOUS-TRAITANCE INDUSTRIELLE EN FRANCE : LES DONNEES DISPONIBLES

Les données utilisées pour les besoins d'évaluation des flux de sous-traitance sont de deux sortes[2]. Les unes concernent la sous-traitance confiée par les donneurs d'ordres. Depuis 1984, l'évolution de ces données était retracée par l'Enquête Annuelle d'Entreprise réalisée par le Service des Statistiques Industrielles du Ministère de l'Industrie (SESSI) étant observé que le champ couvert par cette enquête ne comprenait pas les entreprises ayant moins de 100 salariés. Des traitements complémentaires dont le dernier en date remonte à 1993 avaient permis toutefois d'obtenir des chiffres concernant la sous-traitance confiée par les entreprises employant moins de 100 salariés. Pour l'année 1994, le SESSI a procédé à une nouvelle enquête intitulée « liaisons industrielles », dont la conception dépasse largement le cadre habituel de la sous-traitance industrielle en faisant appel aux notions de « sous-traitance élargie » et de « partenariat industriel ».[3] Les autres données quantitatives disponibles concernent la sous-traitance reçue par les preneurs d'ordres telles qu'elles peuvent être identifiées grâce aux enquêtes de branche effectuées également par le SESSI et éventuellement grâce à d'autres sources de documentation, notamment celles qui sont d'origines professionnelles ou qui fournissent des indications sur les activités de sous-traitance de certains bassins d'emploi fortement spécialisés.

I – L'évolution de la sous-traitance industrielle retracée par les enquêtes d'entreprise

Globalement, la sous-traitance industrielle a évolué de la façon suivante :

---

[2] Cf. « De la sous-traitance au partenariat industriel » (Op. cité) – Pages 31 à 37
[3] Enquête dont les résultats ont été publiés par le SESSI dans une note N° 65 de mai 1996. Les encadrés présentés ci-après n° 1 et 2 permettent de comparer les contenus méthodologiques de l'enquête « sous-traitance industrielle » et de cette nouvelle enquête « liaisons industrielles ».

	1987	1993	1994
Total en MF	97,1	114,5	119,5
Nombre de donneurs d'ordres (20 salariés et +)	4 034	4 162	4 123
STI/Production ind.	5,7 %	5,7 %	5,5 %

En fait, les résultats fournis d'année en année par l'exploitation des enquêtes d'entreprise minimisent très sensiblement l'importance réelle des flux de sous-traitance. Les rapprochements qui peuvent être effectués en comparant la sous-traitance confiée à la sous-traitance reçue (Cf. II ci-après) et, plus encore lorsque l'on prend en compte dans les résultats de l'enquête « liaisons industrielles » ce qui ressort de la notion de sous-traitance industrielle telle qu'elle a été définie dans le document AFNOR font ressortir des écarts considérables. Le SESSI en fournit lui-même l'explication dans la note figurant en encadré page 3. Cette note met particulièrement l'accent sur la sous-estimation systématique par les constructeurs de véhicules automobiles des achats effectués aux sous-traitants classés le plus souvent sur les mêmes postes que les autres achats de fournitures. Il en résulte que l'industrie automobile ne représente que 6,3 % de la sous-traitance confiée par secteurs d'activité en 1994 alors que le pourcentage réel (constructeurs + équipementiers) est de l'ordre de 40 %. Sans être aussi flagrantes, des confusions entre achats à des fournisseurs concepteurs et achats à des sous-traitants existent assurément dans d'autres secteurs. Elles se produisent notamment dans les cas où une même entreprise conçoit une partie de ses productions mais continue à n'être pas conceptrice pour l'autre partie.

Les tableaux des pages 33 et 34 présentent la répartition de la sous-traitance industrielle par secteurs d'activité en 1994.

Par rapport aux données disponibles pour l'année 1987 que nous avons prise pour référence (page 34 de la publication précédente), le phénomène le plus marquant est la forte progression de l'ensemble constitué par les constructions aéronautique, navale et ferroviaire : 25 450 MF en 1994, 16 227 MF en 1987. Pour la seule construction aéronautique, les chiffres correspondant sont de 20 394 MF et de

14 914 MF. Pour les industries des équipements électriques et électroniques, on passe de 16 026 MF à 15 103 MF.

La sous-traitance industrielle dans l'Enquête Annuelle d'Entreprise

Dans le plan comptable, la sous-traitance est enregistrée dans les postes 604 (achats d'études et de prestations de services), 605 (achats de matériels, équipements) et 611 (sous-traitance générale) du compte de résultats. Le rapport entre cet agrégat et les ventes montre l'évolution du poids de la S-T sur le long terme (voir graphique). Depuis 1984, dans l'Enquête Annuelle d'Entreprise de l'industrie, si pour les entreprises de 20 à 99 salariés il est demandé le total de ces trois postes, les entreprises de 100 salariés et plus et les donneurs d'ordres exclusifs ou quasi exclusifs doivent ventiler ce montant global en :

1 – achats de services (informatique, gardiennage...)

2 – achats de matériels et équipements et autres achats...

3 – achats de S-T industrielle, eux-mêmes ventilés entre S-T de capacité et S-T de spécialité.

Le champ retenu est donc constitué par les entreprises de 100 personnes et plus et les donneurs d'ordres exclusifs ou quasi exclusifs de l'industrie manufacturière, c'est-à-dire hors énergie, hors industries agricoles et alimentaires et activités du bâtiment et du génie civil.

La définition de la S-T industrielle généralement admise est celle de l'Association française de normalisation (AFNOR). Il s'agit des « opérations concernant pour un cycle de production déterminé une ou plusieurs opérations de conception, d'élaboration, de fabrication, de mise en œuvre ou de maintenance du produit, dont une entreprise, dite donneur d'ordres, confie la réalisation à une entreprise, dite sous-traitant ou preneur d'ordres, tenue de se conformer exactement aux directives ou spécifications techniques que ce donneur d'ordres arrête en dernier ressort ».

Cette définition de la S-T, qui pose comme condition que le donneur d'ordres a la responsabilité technique et commerciale des produits ou composants « en dernier ressort », a conduit à la distinction entre sous-traitants et équipementiers, principalement dans l'automobile et dansl'aéronautique. En principe, les équipementiers sont responsables commercialement et techniquement de leurs produits. Dans ce cas, les donneurs d'ordres ne considèrent pas leurs achats aux équipementiers comme des achats de S-T.

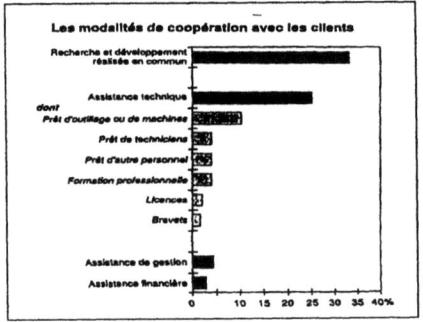

Si les donneurs d'ordres de l'aéronautique classent ces achats parmi les achats de matériels et équipements (dans les postes comptables de la S-T), pour leur part les constructeurs de véhicules automobiles ne distinguent pas leurs achats aux équipementiers de l'ensemble des achats de matières premières et fournitures (postes 601 et 602, situés hors S-T). Cependant, les constructeurs vont encore plus loin, puisqu'ils considèrent comme achats de matières premières et de fournitures la plupart de leurs achats à des sous-traitants, pour peu que ces derniers partagent la responsabilité technique des composants ou sous-ensembles qu'ils livrent aux constructeurs. Ceci conduit à une sous-estimation de la S-T confiée dans le secteur de l'automobile, qui généralement est considéré comme le premier donneur d'ordres de l'industrie.

Enfin, une autre cause de sous-estimation, relativement minime, de la S-T confiée, réside dans la confusion que font certains donneurs d'ordres (parfumerie, diverses activités d'édition...) entre achats à des sous-traitants spécialistes et achats à des fournisseurs.

Tous ces exemples de sous-estimation de l'externalisation de la production ont conduit à mieux préciser les différents cas de « sous-traitance dans un sens élargi », au besoin en adoptant une autre terminologie. C'est ainsi que l'enquête complémentaire de l'EAE 93 sur la mondialisation emploie le terme « partenaire », et que l'enquête complémentaire de l'EAE 94, axée sur la S-T reçue, définit divers cas de « relations interindustrielles ».

L'enquête « liaisons industrielles »
Une approche renouvelée de la coopération interentreprises

L'enquête « liaisons industrielles » a concerné un échantillon d'environ 6 000 unités tiré parmi les 23 000 entreprises de l'industrie manufacturière de plus de 20 salariés (hors IAA et énergie). L'enquête lancée en avril 1995 portait sur la situation en 1994. Le taux de réponses final a été de 80 % en nombre d'entreprises et de près de 90 % en termes de chiffre d'affaires ou d'exportations.

L'enquête avait pour objectif de qualifier et de quantifier les relations que les entreprises industrielles entretiennent avec leurs clients. Cette approche passe par une typologie fondée sur la distribution des tâches entre l'entreprise enquêtée et ses clients, suivant les différentes étapes du processus industriel : conception, approvisionnement, fabrication – montage – finition, commercialisation. Les formes de ces relations peuvent aller de la sous-traitance de façonnage à la simple fourniture de produits standards proposés sur catalogue (production autonome). Entre ces deux extrêmes il existe des formes variées de relations regroupées en quelques grandes catégories dans l'enquête.

On peut considérer que les formes 1 à 4 délimitent le contour d'une « sous-traitance élargie » qualifiée ici de « partenariat industriel » et dans d'autres approches de : « production déléguée », « sur-mesure industriel », « co-traitance », « impartition ».

Nature des opérations réalisées par l'entreprise enquêtée ou ses clients	Qui assure l'étape de :			
	Conception	Approvisionnement	Fabrication Montage-Finition	Commercialisation
1 – Travail à façon	client	client	entreprise pour au moins une phase	client
2 – Production sur spécification	client	entreprise	entreprise au moins pour la fabrication	client
3 – Prestation de conception et de production	entreprise et client	entreprise	entreprise au moins pour la fabrication	client
4 – Prestation de conception	entreprise et client	client	client	client
5 – Production sous licence	client titulaire de la licence	entreprise	entreprise	client
6 – Production de la demande sous la marque d'un distributeur	entreprise	entreprise	client	client
7 – Production autonome	entreprise	entreprise	entreprise	client
8 – Prestation de service	entreprise	entreprise	entreprise	entreprise

Pour la plupart des autres secteurs, les variations sont de faible importance ou peu significatives en raison de l'emploi de nomenclatures différentes. Sauf à signaler une assez nette progression du poste « Habillement » qui passe de 5090 MF à 7677 MF.

Le tableau reproduit ci-dessous présente une récapitulation par postes de la nomenclature NAF 16 pour l'année 1994.

Ensemble de l'industrie (n.c. énergie)

NAF 16/NAF 36	donneurs d'ordres		sous-traitance iindustrielle			
				rapporté à		
	nombre	%	montant MF	s-trait. total %	production totale %	consomm. provenant de tiers %
INDUSTRIES DES BIENS DE CONSOMMATION	1 677	77,4	23 910	60,5	5,5	8,1
Habillement, cuir	519	84,9	8 796	95,9	14,4	21,0
Edition, imprimerie, reproduction	232	82,9	8 337	70,4	10,1	16,2
Pharmacie, parfumerie, entretien	173	65,0	4 425	31,1	2,2	3,1
Industries des équipements du foyer	243	69,4	2 352	54,8	2,5	3,8
INDUSTRIE AUTOMOBILE	175	85,4	7 497	39,3	1,8	2,3
Industrie automobile	175	85,4	7 497	39,3	1,8	2,3
INDUSTRIES DES BIENS D'EQUIPEMENT	933	85,8	55 024	53,5	11,6	18,3
Constr. navale, aéronautique et ferroviaire	102	92,7	24 540	57,6	22,8	36,8

Industries des équipements mécaniques	594	88,0	15 382	47,8	8,7	13,5
Industries des équipements électriques et électroniques	237	8,2	15 103	53,9	8,1	12,5
INDUSTRIES DES BIENS INTERMÉDIAIRES	1 848	79,0	33 097	62,6	3,9	5,9
Industries des produits minéraux	160	65,8	2 930	67,3	3,2	5,6
Industrie textile	352	84,2	6 306	93,9	10,2	14,9
Industries du bois et du papier	221	72,5	1 569	73,0	1,6	2,3
Chimie, caoutchouc, plastiques	379	68,7	9 562	47,0	3,5	5,1
Métallurgie et transformation des métaux	520	92,5	10 033	76,0	5,0	7,3
Industries des composants électriques et électroniques	216	83,1	2 698	44,4	2,2	3,6
Ensemble	4 123	80,2	119 529	55,8	5,5	8,1

Entreprises de 100 salariés et plus (y compris hors tranche)

II - L'analyse des données relatives à la sous-traitance reçue par les preneurs d'ordres

Compte tenu de ce qui a été exposé précédemment, il est assez aisé de retracer l'évolution de la sous-traitance reçue, ou plus exactement celle de l'activité des industries spécialisées dans des travaux de sous-traitance, pour les branches qui répondent aux enquêtes de production du SESSI. Pour les autres branches, il faut se contenter d'indications ayant un caractère plus approximatif mais retenues en raison du caractère sérieux des efforts réalisés par les organismes collecteurs pour cerner la réalité.

Sur ces bases, les tableaux récapitulatifs établis par Daniel COUE pour publication dans les dossiers élaborés par l'Usine Nouvelle à l'occasion du MIDEST permettent de retracer l'évolution suivante pour les années 1993, 1994 et 1995, étant observé que la comparaison 93/94 doit être effectuée avec prudence en raison du passage à la nomenclature NAF à partir de 1994.

LA SOUS-TRAITANCE MANUFACTURIERE EN : (en millions de francs)	1993	1994	1995
Transformation des plastiques	30 128	31 038	33 797
Electronique	25 800	29 928	32 800
Fonderie	22 178	25 383	27 055
Mécanique générale	21 000	22 195	23 629
Découpage-emboutissage	17 400	20 250	20 641
Textile-habillement	16 170	16 493	17 201
Transformation des élastomères	13 933	15 043	16 980
Traitements de surface etthermiques	7 400	8 714	9 731
Forge, estampage, frittage	6 900	7 680	7 834
Moules et modèles	6 400	6 550	7 632
Décolletage	5 600	6 330	6 922
Chaudronnerie, constructions métalliques	3 700	4 150	5 512

Conditionnement à façon	3 000	3 300	3 700
Fixation frappe à froid : Visserie, boulonnerie, fixation	1 700	2 710	3 050
Outillages spéciaux	1 300	1 664	2 127
Ressorts	1 000	1 047	1 636
Engrenages, transmissions	500	625	1 622
Mécanique de précision	5 022	5 520	997
Divers (chimie fine, imprimerie, bois, études sous contrat)			8 070
TOTAL	189 631	208 620	230 936 + 10,7 % sur 1994

L'encadré N° 3 présenté à la page 37 trois graphiques figurant dans le dossier publié le 16 novembre 1995 (page 6).

Le premier de ces graphiques retrace l'évolution de la sous-traitance par types d'activité (base 100 en 1982). Il montre notamment que, si la part de la transformation des métaux et de la fonderie s'est accrue en valeur absolue, elle ne représente plus que 51,4 % de l'ensemble en 1994 contre 65,8 % en 1983 alors que la part de la transformation des plastiques et du caoutchouc est passée pendant la même période de 15,6 à 22,1 %. Le phénomène de substitution auquel on pouvait s'attendre apparaît donc nettement.

MOINS DE MÉTAL, PLUS DE PLASTIQUE

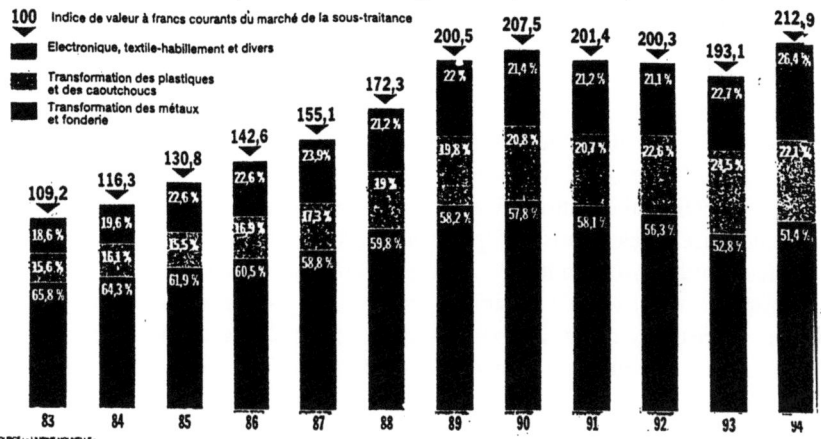

L'AUTOMOBILE PREMIER CLIENT

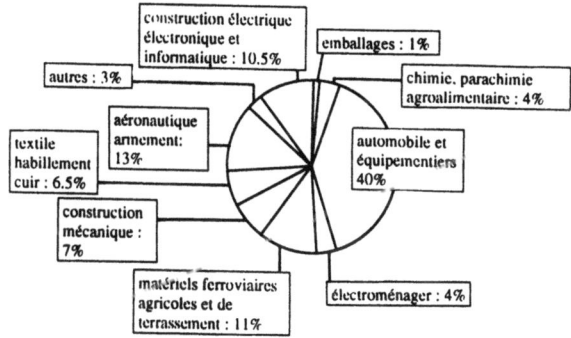

APPEL À LA SOUS-TRAITANCE : LE REDÉMARRAGE

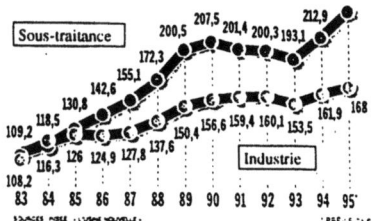

Ainsi qu'il a été exposé précédemment, la répartition des ventes par débouchés fait la part belle aux constructeurs de véhicules automobiles et aux équipementiers avec 40 % de l'ensemble. La part du groupe « Matériels ferroviaires, agricoles et de terrassement » est nettement supérieure à celle qui résulte de l'addition des chiffres concernant ces trois catégories de matériels figurant dans l'enquête d'entreprise. En revanche, la part de la construction mécanique est sensiblement inférieure à celle qui est attribuée à l'équipement mécanique dans l'enquête d'entreprise. Ces écarts s'expliquent-ils seulement par l'emploi de nomenclatures différentes ? Ce n'est probablement pas le cas. L'on constate à nouveau qu'il existe une forte tendance dans certaines industries donneuses d'ordres à reporter sur des postes d'achats de fournitures des opérations qui devraient être identifiées comme achats de sous-traitance.

Enfin, le troisième graphique décrit l'évolution en indice (base 100 en 1982) et en francs courants des valeurs de production en sous-traitance manufacturière. Il apporte, lui aussi, une confirmation : celle du redémarrage qui s'est produit en 1994 après le fléchissement enregistré au cours de la période 1990-1993.

La sous-traitance électronique croît en plus de 20 % en 1995. Cause principale : l'externalisation croissante des productions par les grands groupes du secteur.

III - L'ENQUETE « LIAISONS INDUSTRIELLES »

« De la sous-traitance au partenariat ; une approche nouvelle des relations industrielles. » Tel est le titre de la note de mai 1996 qui présente la méthodologie adoptée pour la réalisation de cette enquête et les résultats de son exploitation. Ce titre est significatif. Il traduit un effort considérable de dépassement par rapport aux normes et définitions qui donnaient à la notion de sous-traitance un caractère limitatif. La justification de cet effort réside dans le constat que les entreprises industrielles réalisent un cinquième de leur chiffre d'affaires dans le cadre d'une production déléguée et que, par voie de conséquence, un salarié sur quatre exerce son activité dans ces travaux sur spécifications extérieures à son entreprise. Ce type de relation inter-industrielle, qualifiée peut-être un peu rapidement de partenariale, « étend la sous-traitance bien au-delà de sa zone traditionnelle du travail à façon.

C'est la raison pour laquelle, l'enquête lancée en avril 1995 et portant sur la situation en 1994 d'un échantillon de 6 000 entreprises de plus de 20 salariés a fondé sa typologie sur la distribution des tâches entre l'entreprise enquêtée et ses clients en suivant les différentes étapes du processus industrielle : conception-approvisionnement-fabrication-montage-finition-commercialisation. Les types de relations qui résultent de cette approche ont été regroupés en huit rubriques (Cf. en cadré n° 2 ci-dessus). Parmi ces rubriques, les deux premières (travail à façon et production sur spécification) correspondent à la notion de sous-traitance stricto sensu. En intégrant les troisième et quatrième rubriques, on parvient, selon les auteurs de la note, à délimiter les contours d'une « sous-traitance élargie » qu'ils qualifient également de « partenariat industriel ». En revanche, si l'on peut accueillir favorablement le terme « impartition » dont la paternité revient au professeur Pierre-Yves BARREYRE, l'emploi d'expressions telles que « production déléguée » et « co-traitance » nous semble discutable car le document AFNOR X 50-300 leur attribue des significations particulières. Quant à l'expression « sur mesure industriel », elle a le mérite de trouver place désormais dans la dénomination en langue française du MIDEST, salon dont l'accès fut longtemps réservé de façon très rigoureuses à la présentation des savoir-faire des seuls sous-traitants à l'état pur. Mais plutôt que de recourir à une périphrase, n'est-il pas préférable de parler de « fourniture spécifique » par opposition aux fournitures sur catalogue ainsi qu'il est d'usage en Allemagne où le mot « zulieferung » est couramment utilisé ?

Les relations dont la nature est définie dans les quatre dernières rubriques (production sous licences, production sous marque de distribution, productions sur catalogue dites autonomes, prestations de services) tendent, elles aussi, à dépasser de plus en plus souvent le cadre des simples rapports commerciaux parce qu'il s'agit de relations plus suivies donnant lieu à de véritables dialogues entre acheteurs et vendeurs, concédants et concessionnaires, utilisateurs et prestataires de services). Mais aussi parce que le développement est lié fréquemment à la mise en œuvre de politiques d'externalisation inspirées par des préoccupations de recentrage sur les métiers de base d'une entreprise qui fait appel aux ressources d'un spécialiste pour tout ce qu'il ne lui paraît pas indispensable de conserver en gestion directe. Il faut ajouter que, même si ces relations n'atteignent pas le stade du partenariat, la prestation principale est souvent complétée par des prestations annexes de caractère complémentaire. L'évolution actuelle est telle que le client ne se contente plus d'acquérir un bien ou de bénéficier d'une prestation isolée. Ce qu'il souhaite, c'est obtenir un service complet clé en main, ce que les britanniques appellent un « package ». Une évolution qui ne facilite pas la tâche des juristes car il n'est pas rare qu'ils se trouvent désormais en présence de contrats complexes ou de faisceaux de contrats et soient en difficulté pour déterminer l'objet principal des conventions conclues entre les parties.

S'agissant du partenariat proprement dit, les deux graphiques reproduits à la page 41 sont particulièrement illustratifs.

Du premier, il faut tout d'abord retenir que plus de la moitié des entreprises industrielles de plus de 20 personnes réalisent en 1994 des travaux pour le compte d'autres entreprises et ceci pour un montant de 552 milliards de francs correspondant à 21 % du chiffre d'affaires de l'industrie. Il apparaît aussi que les PMI sont plus profondément impliquées dans la production en partenariat que les grandes entreprises. Elles le sont d'autant plus qu'elles sont petites. Ainsi les entreprises de 20 à 50 personnes réalisent plus du tiers de leur chiffre d'affaires en partenariat contre 17 % pour les entreprises de plus de 500 personnes. A signaler aussi que le travail à façon, forme la moins élaborée et la plus contraignante de la sous-traitance traditionnelle, représente 10 % du C.A. des petites firmes contre moins de 2 % pour les plus grandes.

Sur un autre plan, l'enquête confirme l'existence du phénomène de formation de réseaux dont l'ampleur est devenue considérable au cours de la dernière décennie et son corollaire : le développement de la sous-traitance en chaîne. 30 % des entreprises sont à la fois donneuses et preneuses d'ordres. Elles reçoivent près des trois quarts des travaux confiés en partenariat en confient près de la moitié. 25 % des entreprises reçoivent des travaux et n'en confient pas. 23 % confient des travaux et n'en reçoivent pas. Elles ne représentent que 13 % du chiffre d'affaires industriel total. Le phénomène de réseau est caractérisé aussi par l'existence de relations étroites entre grandes entreprises industrielles de plus de 500 salariés. 36 % de celles-ci prennent et confient des travaux en partenariat mais elles réalisent ainsi 86 % des travaux reçus et 62 % des travaux confiés par les entreprises de cette taille. On peut penser, mais l'analyse du SESSI ne le mentionne pas, qu'il s'agit pour l'essentiel d'accords de coopération, ou plus exactement d'accord portant sur la réalisation en co-production de composants. Mais il n'est pas exclus que certaines entreprises de grande taille exercent de façon plus ou moins durable des activités de sous-traitance dans le but de compléter des carnets de commandes insuffisants pour assurer un emploi convenable de leurs personnels. Pratique qui, dans le passé, a été souvent dénoncée par les professionnels de la sous-traitance, la concurrence de ces grandes entreprises pouvant se faire à prix marginaux.

La comparaison des résultats de l'enquête « liaisons industrielles » avec les données fournisseur l'importance de la sous-traitance confiée fournies par l'enquête d'entreprise et les évaluations de la sous-traitance reçue réalisées à partir des données relatives à l'activité des secteurs preneurs d'ordres conduit à des constatations qui nécessiteront certainement des efforts d'analyse approfondis. Telle qu'elle est présentée page 11 ci-après, la répartition entre les différentes formes de partenariat attribue 62 % d'un chiffre d'affaires total de 552 milliards de francs à ce qui constitue la sous-traitance industrielle prise dans son sens habituel (travail à façon + production sur spécification), soit 342 Mds de Frs.

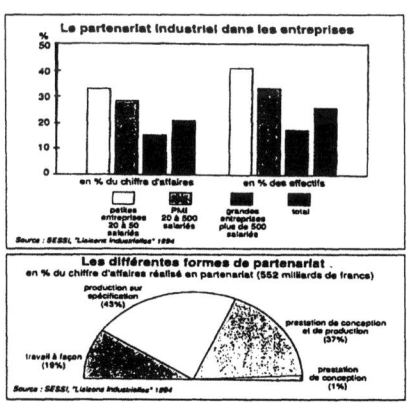

Certains éléments d'explication peuvent être tirés de la comparaison du tableau ci-dessous qui, pour chaque secteur concerné, permet de connaître les parts du chiffre d'affaires total représentées par les quatre formes du partenariat avec le tableau de la page 5 ci-dessus où pour chaque poste de la NAF 16, il est fait mention du rapport sous-traitance industrielle / production totale. Sans entrer dans les détails, il suffira de constater que, globalement, ce rapport est de 5,5 % alors que, sur la base de l'enquête « liaisons industrielles », le travail à façon représente 4 % du chiffres d'affaires, tous secteurs confondus et la production sur spécification 9 %, soit 13 % au total. Cette comparaison fait ressortir aussi de fortes disparités en ce qui concerne plus particulièrement l'industrie automobile, ce qui était prévisible, et l'ensemble « métallurgie et travail des métaux », ce qui l'est moins. D'une manière plus générale, on peut aussi se demander s'il n'y a pas eu, jusqu'à présent, une sous-estimation très sensible de la sous-traitance confiée par des entreprises de moins de 100 salariés à d'autres plus petites. Alors que le développement de la sous-traitance en chaîne devrait entraîner celui de cette sous-traitance intra-PME.

Le partenariat industriel dans les secteurs
en % du chiffre d'affaires industriel

Secteurs	Travail à façon	Production sur spécification	Conception et production	Conception	Total du partenariat
Habillement, cuir	14,1	2,8	4,1	0,0	21,1
Edition, imprimerie, reproduction	5,7	9,7	8,1	0,3	23,8
Pharmacie, parfumerie, produits d'entretien	4,2	6,1	1,1	0,0	11,4
Equipements du foyer	2,6	6,1	6,5	0,0	15,3

Automobile	0,5	11,2	7,6	0,0	19,3
Navale, aéronautique et ferroviaire	1,1	2,4	18,5	1,0	23,0
Biens d'équipement mécanique	4,0	8,9	12,3	0,6	25,8
Biens d'équipement électrique et électronique	1,7	5,9	14,7	0,5	22,8
Produits minéraux	0,9	5,6	5,1	0,3	12,0
Textile	14,1	5,5	4,7	0,3	24,6
Bois, papier	1,7	12,5	3,3	0,2	17,8
Chimie, caoutchouc et plastique	6,2	8,3	5,1	0,1	19,7
Métallurgie et transformation des métaux	7,1	17,7	8,8	0,1	33,7
Composants électriques et électroniques	1,0	11,3	6,7	0,2	19,2
Total	4,0	9,0	7,8	0,2	21,0

Source : SESSI, « Liaisons industrielles » 1994

L'enquête « liaisons industrielles » fournit aussi des informations d'un grand intérêt concernant les modalités de coopération des entreprises interrogées avec leurs clients, les exigences des clients vis-à-vis des preneurs d'ordres, le degré de dépendance de ces derniers vis-à-vis de leurs principaux clients, le développement actuel des procédures de certification. Il en sera fait mention dans les chapitres de cet ouvrage où nous essaierons de traiter de ces questions.

En revanche, l'importance de la sous-traitance reçue de l'étranger mise en évidence par l'enquête « liaisons industrielles » montre qu'il faut ranger maintenant parmi les idées obsolètes le manque d'esprit exportateur dont il était fait reproche à la majorité des sous-traitants français. Le petit tableau ci-dessous est suffisamment explicite à ce sujet :

Sous-traitance élargie reçue de :

	France	Etranger
Travail à façon	80	25
Production spécifique	183	50
Conception et production	155	49
Conception	5	1
TOTAL	425	129

Bien entendu, il serait souhaitable de connaître de façon symétrique le montant de la sous-traitance confiée à des preneurs d'ordres étrangers et de pouvoir disposer d'indications par secteurs sur le montant des travaux ou productions réalisés pour le compte de donneurs d'ordres étrangers.

EN CONCLUSION, cette enquête « liaisons industrielles » est source de progrès considérables dans la connaissance de l'état actuel des relations donneurs-preneurs d'ordres dont l'application des critères employés pour définir la sous-traitance stricto sensu ne permet pas de donner une vue satisfaisante. Convient-il pour autant de donner droit de cité à la notion de « sous-traitance élargie » ? Les travaux engagés par EUROSTAT au niveau de l'Union européenne permettent, semble-t-il, d'apporter une réponse positive à cette question dans la mesure où ils ont retenu une définition large de la sous-traitance selon laquelle un rapport de sous-traitance existe chaque fois que :

a) le donneur d'ordres participe à la conception du produit en fournissant la totalité ou une partie des spécifications au producteur.

b) le donneur d'ordres est responsable de la commercialisation du produit.

Cette définition permet de séparer nettement fournitures sur catalogue et fournitures spécifiques. Mais, et c'est là un pas en avant considérable, elle ne fait pas perdre la qualité d'un sous-traitant au producteur qui opère sur la base d'un cahier des charges fonctionnel lui laissant toute liberté de concevoir le produit sous réserve du respect des contraintes et des obligations de résultat contenues dans ce cahier des charges.

En terme d'image, il est certainement préférable de faire appel à la notion de sous-traitance élargie que d'utiliser des expressions plus difficiles à faire passer dans le langage courant telles que « fourniture spécifique » qui, au surplus, ne peut s'appliquer qu'aux productions de biens physiques car les services font l'objet de prestations et non de fournitures. Parler de sous-traitance élargie, c'est aussi faire perdurer l'esprit « sous-traitant » dans ce qu'il a sans doute de plus estimable : l'existence de savoir-faire et de comportements professionnels qui, notamment dans certaines industries du travail des métaux, remontent aux temps du compagnonnage. Une continuité qui ne fait nullement obstacle à l'acquisition des technologies les plus récentes et les plus évoluées mais au contraire est de nature à en garantir le bon usage.

Toutefois, l'emploi de l'expression « sous-traitance élargie » peut aussi se heurter à des réactions défavorables ;

– de la part de tous les milieux juridiques qui restent fidèles à la notion de sous-traités ou, tout au moins, sont portés à considérer que le contrat de sous-traitance ne peut être qu'une forme particulière de contrat d'entreprise.

– de la part de grands donneurs d'ordres bien décidés à ne traiter en partenaires que des fournisseurs à part entière et ne voulant en aucun cas prendre le risque de voir les sous-traitants se doter d'un statut juridique particulier ;

– de la part des équipementiers, y compris ceux qui sont « sortis » de la sous-traitance et entendent bien être débarrassés définitivement d'une appellation qu'ils estiment péjorative.

Compte tenu des observations qui précèdent, il nous paraît difficile de trancher catégoriquement. Nous nous contenterons de conclure qu'il convient d'accorder un préjugé favorable à la notion de sous-traitance élargie mais tout en reconnaissant que l'emploi de cette expression ne peut être qu'objet de discussion. Sauf, bien évidemment si la validité de la définition retenue dans le cadre des travaux d'Eurostat était reconnue officiellement par les pouvoirs publics européens, ce qui couperait cours aux contestations éventuelles. C'est dire à quel point il serait souhaitable que les travaux en cours à BRUXELLES aboutissent rapidement.

II
LES QUATRE PRINCIPAUX GROUPES D'INDUSTRIES DE SOUS-TRAITANCE

Une description détaillée des caractéristiques et de la situation actuelle de l'ensemble des secteurs dont les entreprises exercent une partie importante ou tout au moins notable de leurs activités en réalisant des opérations de sous-traitance sortirait du cadre de cet ouvrage. Ce deuxième chapitre se limite donc à l'analyse des faits les plus saillants qui paraissent marquer l'évolution de ce que l'on pourrait appeler les « QUATRE GRANDS », à savoir : les industries transformatrices des métaux, la fonderie, la plasturgie, la sous-traitance électronique. A eux seuls, ces quatre secteurs représentent environ 72 % du chiffre d'affaires de la sous-traitance manufacturière. Dans l'ensemble, l'évocation du sort d'autres secteurs soulèverait peu de problèmes nécessitant des analyses qui n'auraient pas été effectuées précédemment et cela d'autant plus qu'il est indispensable de réserver un sort particulier aux industries de l'habillement en raison de l'importance que le travail à façon revêt dans leur cas et surtout du fait qu'elles sont appelées à desservir des producteurs de biens de consommation et non pas de biens durables.

D'autre part, pour des raisons d'opportunité, c'est seulement dans d'autres chapitres que seront abordés des problèmes très actuels qui se posent sous un angle très particulier pour les quatre secteurs dont la situation est examinée ci-après ou plus spécifiquement pour l'un d'eux : aggravation possible des conséquences sociales du développement des structures pyramidales, et du recours à certaines formes de fonctionnement en Juste-à-temps, incidence de la décroissance des commandes d'aéronefs et des autres matériels produits à des fins militaires sur l'activité des sous-traitants qui contribuent à leur exécution.

I - *LES INDUSTRIES DE SOUS-TRAITANCE DU SECTEUR « MECANIQUE »*

Ces industries sont représentées par douze syndicats professionnels regroupés au sein du GIST (Groupement Intersyndical de la Sous-traitance). Nous réserverons toutefois un sort à part à la fonderie dont le Syndicat Général n'est pas rattaché directement à la Fédération des

Industries Mécaniques et dont l'importance économique ainsi que ses particularités techniques justifient l'analyse faisant l'objet du § II du présent chapitre.

Ces industries peuvent être réparties en deux sous-catégories selon la nature de leurs techniques. Les unes opèrent par enlèvement du métal ; les autres par déformation du métal et pratiquent donc pour l'essentiel de leurs activités le traitement à façon. On peut aussi distinguer les branches qui travaillent majoritairement en sous-traitance (sous-traitance « forte ») et celles (boulonnage, visserie, engrenage, chaudronnerie) qui n'exercent que partiellement des activités de sous-traitance (sous-traitance « faible » selon la classification du GIST).

Ces industries du travail des métaux furent longtemps connues sous l'intitulé d'industries de métiers. Cette appellation signifiait qu'elles n'avaient pas pour objet la réalisation de produits déterminés destinés à des marchés finaux. Elle présentait aussi l'intérêt de rappeler qu'elles étaient dans une très large mesure issue du compagnonnage, se fondaient sur la transmission de savoir-faire et conservaient des traditions telles que les rapports entre patrons et professionnels hautement qualifiés partageant la même culture technologique étaient d'une nature particulière. Il en reste des traces en dépit de l'automatisation et, maintenant, de l'informatisation qui ont modifié profondément les conditions de travail. Il reste aussi qu'une classification par strates tend désormais à se superposer à cette classification par métiers et la rend en grande partie obsolète. Les firmes qui exercent des professions telles que la mécanique industrielle ou le découpage-emboutissage ont, en effet, plus de facilité pour s'intégrer dans la catégorie « fournisseur-concepteur » car elles figurent parmi les plus aptes à intégrer des activités de sous-assemblage en aval des usinages de pièces primaires qui entrent dans leurs spécialités. En conséquence, leur métier tend à devenir celui d'un fabricant d'équipement et perd une grande partie de ses caractéristiques originales. En revanche d'autres industries, en particulier celles qui réalisent pour l'essentiel des opérations de façonnage (traitements thermiques, revêtements de surface notamment) ne peuvent se situer que dans le groupe des fournisseurs de second rang, dans le meilleur cas, à l'intérieur des réseaux pyramidaux.

Les tableaux reproduits ci-après pages 50 à 52 présentent les évolutions respectives depuis 1985 des chiffres d'affaires, des effectifs employés et des exportations des industries regroupées au sein du GIST. Les chiffres concernant les professions classées « sous-traitance forte » semblent toutefois un peu surévalués dans la mesure où, mis à part les traitements et revêtements de surfaces, ces professions ont une part minoritaire mais non négligeable de fabrications pour compte propre.

En toute hypothèse, on peut admettre avec Daniel COUE que l'ensemble « métallurgie-mécanique-fonderie » représente grosso modo un peu plus de la moitié du chiffre d'affaires total de la sous-traitance française (exactement 51,7 % selon son estimation pour l'année 1995) contre 61,9 % en 1985 ; Diminution en pourcentage qui a été néanmoins accompagnée par une forte croissance du chiffre d'affaires pendant la période 1985-1995 : 90,4 Mds F contre 51,7. Or, cette croissance s'est pratiquement réalisée à effectifs constants, ce qui donne une idée significative de l'importance des gains de productivité enregistrés par cet ensemble très majoritairement composé de PME. Le bon niveau de compétitivité des professions concernées est également attesté branche par branche par les évolutions retracées page 52 en ce qui concerne les exportations directes. L'estampage-forge, le décolletage, le découpage-emboutissage, la mécanique et les fabrications de moules et modèle ont accompli des progrès remarquables.

Mais les professions en cause ont-elles réellement bénéficié de ces gains de productivité ? La vigueur avec laquelle leurs représentants dénoncent le caractère excessif des pressions exercées sur les prix tant par les grands groupes producteurs de véhicules ou d'autres biens réalisés en grandes séries que par les équipementiers faisant fonction de fournisseurs de premier niveau dépasse-t-elle les limites du tolérable ? Ce qui paraît certain, c'est que les pratiques actuelles permettent tout au plus le maintien des marges dans les cas les plus favorables.

SOUS-TRAITANCE METALMECANIQUE CHIFFRES D'AFFAIRES

montants hors taxes en milliards de francs courants

PROFESSIONS	1985	1989	1993	1994	1995 (*)
Estampage, Forge, Matriçage, Frittage	6,6	8,0	6,5	7,8	8,3
Découpage, Emboutissage, Repoussage	7,2	12,7	12,9	14,9	18,5
Traitement et Revêtement des surfaces	4,3	6,9	6,5	7,8	8,9
Décolletage	3,7	5,7	5,5	6,5	7,4
Mécanique industrielle, Usinage de Précision, Moules et Modèles	19,0	26,4	25,7	24,7	30,6
Ressorts	1,0	1,4	1,3	1,2	1,3
Fonderie ferreux ou non	13,9	18,1	15,9	18,1	20,2
Sous-ensemble « forte sous-traitance »	**55,7**	**79,2**	**74,3**	**81,0**	**95,2**
Boullonnerie Visserie	0,9	1,7	1,5	1,9	2,1
Engrenages	0,7	1,0	0,7	0,8	0,9
Chaudronnerie	8,3	10,9	9,7	11,5	12,4
Sous-ensemble « sous-traitance partielle »	**9,9**	**13,6**	**11,9**	**14,2**	**15,4**
ENSEMBLE	**65,6**	**92,8**	**86,2**	**95,2**	**110,6**

Source : FIM (*) estimation

SOUS-TRAITANCE METALMECANIQUE
EFFECTIFS TOTAUX

nombre moyen en milliers de personnes

PROFESSIONS	1985	1989	1993	1994	1995 (*)
Estampage, Forge, Matriçage, Frittage	15,4	13,0	11,4	9,3	11,9
Découpage, Emboutissage, Repoussage	18,1	22,0	20,8	21,2	25,7
Traitement et Revêtement des surfaces	12,5	14,8	15,0,	15,0	15,9
Décolletage	11,5	13,1	12,4	11,1	12,2
Mécanique industrielle, Usinage de Précision, Moules et Modèles	62,8	65,3	62,6	49,8	55,7
Ressorts	3,2	3,1	3,0	2,4	2,5
Fonderie ferreux ou non	45,0	38,6	34,7	41,6	43,8
Sous-ensemble « forte sous-traitance »	**168,5**	**169,9**	**159,9**	**150,4**	**167,8**
Boulonnerie Visserie	2,4	3,2	3,0	3,2	3,3
Engrenages	2,2	2,1	1,9	1,6	1,7
Chaudronnerie	24,6	26,6	23,2	23,4	23,7
Sous-ensemble « sous-traitance partielle »	29,2	31,9	28,1	28,2	28,7
ENSEMBLE	**197,7**	**201,8**	**188,0**	**178,6**	**196,5**

Source : FIM (*) estimation

SOUS-TRAITANCE METALMECANIQUE
EXPORTATIONS DIRECTES

taux en pourcentage des chiffres d'affaires

PROFESSIONS	1985	1989	1993	1994	1995 (*)
Estampage, Forge, Matriçage, Frittage	17	19	22	18	28
Découpage, Emboutissage, Repoussage	9	10	8	11	13
Traitement et Revêtement des surfaces	9	10	9	8	10
Décolletage	12	15	15	16	18
Mécanique industrielle, Usinage de Précision, Moules et Modèles	10	9	10	12	14
Ressorts	10	20	18	11	13
Fonderie ferreux ou non	22	21	22	22	24
Sous-ensemble « forte sous-traitance »	14	14	14	15	17
Boulonnerie Visserie	17	17	20	11	14
Engrenages	31	36	40	39	39
Chaudronnerie	8	9	12	12	14
Sous-ensemble « sous-traitance partielle »	10	12	15	13	15
ENSEMBLE	13	13	14	14,5	16,5

Source : FIM   (*)estimation

Les effets de ces pratiques se conjuguent avec ceux de la longueur excessive et de l'inobservation trop fréquente des délais de paiement. Ils sont responsables d'un manque de fonds propres qui ne risqueraient pas de mettre un très grand nombre d'entreprises en mauvaise posture en cas de récession prolongée. Ils font aussi obstacle à l'acquisition d'équipements nouveaux au moment où de nouvelles techniques très avancées voient leurs usages se généraliser dans le domaine de la mécanique ; usinage à très grande vitesse, matériels commandés à distance par des systèmes informatiques permettant la reproduction des formes en trois dimensions, développements nouveaux de la micro-mécanique etc.

Il est évident que l'avenir du métal – au sens large – et celui de la mécanique sont liés étroitement. Du métal au sens large puisque l'emploi de matériaux complexes où se superposent couches de métaux, de préférence ultra-légers, et de composites est en voie de généralisation. D'une mécanique dont la sophistication n'entraîne nullement l'abandon de savoir-faire qui demeurent irremplaçables pour toutes sortes d'applications. Toutefois, la survie de la mécanique ne dépend pas seulement de la manière dont elle résistera à la concurrence de matériaux autres que le métal. Il n'est pas moins important que le métier de mécanicien s'adapte bien aux conditions actuelles de la production manufacturière[4] et qu'il gagne en attractivité Subordonné à la réalisation de cette dernière condition, le recrutement de jeunes ayant atteint au moins le niveau bac + 2 est devenu une nécessité qu'il n'est pas exagéré de qualifier de vitale. Or, la mécanique de pointe offre des conditions de travail qui n'ont plus grand'chose à voir avec celles des ateliers mécaniques d'antan où le bruit et le cambouis régnaient en maîtres. Mais l'image de marque de la mécanique ne se modifie pas aussi vite qu'il serait souhaitable et, si les besoins de main d'œuvre hautement qualifiée sont encore considérables, les gains de productivité sont tels que les effectifs subiront encore de fortes réductions avant que soit atteint le pallier où ils se stabiliseront. Ce qui n'est pas de nature à faciliter la solution du problème de recrutement, objet de préoccupations partagées par les industriels de la sous-traitance et toutes les autres catégories de professionnels impliqués dans la pratique de « l'art mécanicien ».

II - *FONDERIE*[5]

Confrontée pour un nombre croissant de débouchés à une vive concurrence de la part de la plasturgie et subissant aussi dans certains

---

4 L'opérateur doit être capable d'effectuer lui-même une grande partie des tâches de maintenance courante et de faire face par ses propres moyens aux incidents de productions mineurs.

domaines celle de procédés dispensant d'usinages ultérieurs, tels que le frittage, la fonderie doit s'adapter rapidement aux conséquences de la libéralisation des échanges internationaux.

Selon les sources d'origine syndicales utilisées par Daniel COUE dans le numéro MIDEST de l'Usine Nouvelle, la fonderie a réalisé en 1995 un chiffre d'affaires de 27 055 Mns de Frs en 1995, ce qui représenterait un progrès de 6,6 % par rapport à l'année précédente. Résultat très moyen si l'on considère que, pour l'ensemble des industries de sous-traitance, toujours selon Daniel COUE, ce progrès aurait été de 6,6 %. On peut observer aussi que le chiffre figurant dans l'ouvrage mentionné ci-dessous4 était de 25 Mds de frs pour 1994, l'enquête « liaisons industrielles » du SESSI fait état (poste F 53) de 18 991 MF au titre de la sous-traitance élargie. La différence semble avoir pour explication l'inclusion dans les statistiques syndicales des chiffres d'affaires réalisés par les filiales de certains grands groupes, automobiles notamment, dont la majeure partie est destinée à alimenter des établissements des mêmes groupes et classés de ce fait sous la rubrique « production autonome ». En revanche, l'enquête SESSI présente l'intérêt de mettre en évidence l'importance acquise par les productions réalisées sur conception non plus du donneur mais du preneur d'ordres : 6 708 MF.

L'évolution la plus récente de cette industrie de la fonderie est caractérisée principalement par deux phénomènes. D'une part, sur le plan technologique, l'accent y est mis sur la recherche de processus opératoires permettant d'obtenir des produits aux formes assez précises pour que les divers usinages inclus dans la phase de finition soient plus faciles à réaliser, moins nombreux ou même purement et simplement supprimés. D'autre part, il a été possible d'observer plusieurs cas de rapprochement, réalisés parfois à l'initiative de donneurs d'ordres importants, entre des entreprises de fonderie et des entreprises de mécanique générale dans le but, précisément, de renforcer la coordination de leurs activités. Il est arrivé également que des entreprises de fonderie se dotent de départements « plasturgie » pour se mettre à même de mieux répondre à la demande de leurs clientèles.

---

5 En ce qui concerne les caractéristiques de l'industrie de la fonderie, dont les produits sont d'une très grande variété, il est conseillé de se reporter à la description qui en a été donnée page 41 dans l'ouvrage paru chez L'HARMATTAN en 1992 qui sert de référence à celui-ci.

Il va de soi que ces efforts d'adaptation devront encore s'intensifier dans les prochaines années. La fonderie ne doit plus seulement affronter la concurrence du plastique. Celle des nouveaux pays industrialisés et, plus spécialement celle de pays européens réintégrés dans l'économie de marché mais pratiquant encore des niveaux de rémunération sensiblement inférieurs aux normes occidentales (République Tchèque et Pologne, en particulier) peuvent s'avérer au moins aussi redoutables. Toutefois, la profession semble capable de faire face convenablement à ce type de menace, tout au moins si on la considère dans son ensemble. Elle réalise maintenant 18 % de son chiffre d'affaires à l'exportation alors que, pendant longtemps, la fonderie française n'eut pratiquement d'autres débouchés que son marché intérieur dont elle pouvait jouir en toute sérénité.

III - *PLASTURGIE*

60 % des entreprises plasturgistes françaises travaillent totalement ou partiellement en sous-traitance. Le SESSI, pour 1994, recense 1 165 firmes de plus de 19 salariés dont 36 en emploient plus de 500. En revanche, on manque de précisions sur le nombre des « moins de 20 salariés ». Les chiffres d'affaires totaux résultant de l'enquête « liaisons industrielles » et ceux, de source professionnelle qui ont été repris dans les numéros MIDEST de l'Usine Nouvelle sont assez concordants. L'enquête menée par le SESSI propose pour l'année 1994 un chiffre d'affaires de 31 206 MF pour l'ensemble des quatre rubriques qui entrent dans le cadre de la sous-traitance élargie. Il attribue 20 400 MF aux deux rubriques qui correspondent à la sous-traitance stricto sensu. Daniel COUE dans l'Usine Nouvelle propose un montant de 33 797 MF pour 1995, ce qui représenterait une progression de 9,79 % par rapport à celui de 1994. En ajoutant à ce chiffre la valeur des productions réalisées par des firmes de moins de 20 salariés, l'activité de l'ensemble du secteur « plasturgie » pourrait représenter un chiffre d'affaires compris entre 35 et 40 MMF. En sous-traitance, la plasturgie assure l'emploi de plus de 45 000 salariés, l'ensemble de cette industrie employant environ 142 500 salariés. La montée en puissance de la plasturgie est tout à fait remarquable. Associée à sa demie-sœur, l'industrie de transformation des élastomères qui présente avec elle beaucoup de traits communs, elle représentait 16,1 % de la valeur totale de la sous-traitance manufacturière en 1987. Elle en représente 22 % en 1995.

La progression de la plasturgie est due principalement aux avantages qui résultent de la substitution du plastique au métal, notamment aux gains de poids et à la simplification des opérations d'assemblage qu'elle rend possibles. Mais un autre élément d'explication réside aussi dans le comportement dynamique d'un certain nombre de grandes entreprises qui ont été parmi les premières à passer du statut de simple sous-traitant à celui d'équipementier à part entière. De telle sorte que le passage à la notion de sous-traitance élargie donne une image beaucoup plus conforme à la réalité de la part prise par la plasturgie dans le processus de fabrication des matériels de transport terrestres et aériens et des autres catégories de matériels complexes. En dépit des efforts fournis par les métallurgistes pour reconquérir une partie des positions perdues depuis 20 ans, la progression de la plasturgie se poursuivra très certainement au cours des prochaines décennies en raison de la généralisation de l'emploi de nouveaux matériaux composites dont les performances seront très supérieures à celles des matériaux qui sont déjà d'utilisation courante, tant du point de vue de la légèreté que de la résistance. Ce qui laisse prévoir, en particulier, l'emploi d'éléments en composites très légers pour la réalisation des carrosseries des automobiles, éléments dont la production sera bien évidemment « externalisée » par le constructeur.

Sur le plan du commerce extérieur, les résultats sont seulement moyens. Pour l'ensemble des quatre rubriques classées sous le titre « partenariat industriel » par le SESSI, les exportations représentent en 1994, 13,6 % de la valeur de la production (11,1 % en Europe et 2,6 % pour le reste du monde). Selon l'usine Nouvelle (26 novembre 1996- page 21), la part du chiffre d'affaires exporté serait un peu plus importante : 16 % ; Mais ce pourcentage ne classerait la plasturgie qu'en sixième position parmi les industries de sous-traitance exportatrices.

Les entreprises qui font partie de ce secteur sont soumises à des contraintes particulièrement sévères sur le plan de l'environnement. Leur effort dans ce domaine commence à porter ses fruits grâce à la réalisation du programme de préservation de l'environnement dénommé. « Programme ADEGE ». Cette action regroupe actuellement plus de 80 adhérents dont l'objectif est d'obtenir le label du règlement européen « Eco-audit » et la certification ISO DIS I1400I

S'agissant du bassin d'OYONNAX qui demeure en dépit d'une plus forte géographique que dans le passé, le principal pôle industriel français spécialisé dans la plasturgie, il a été jugé bon d'en décrire les principales caractéristiques dans une fiche qui constitue l'annexe III de cet ouvrage pour mettre en évidence l'intérêt exceptionnel de l'exemple offert par ce bassin, dénommé à juste titre, la « Plastic valley » qui regroupe dans de solides structures un grand nombre de spécialistes aux activités complémentaires (plasturgistes, moulistes, décorateurs, etc.) désireux de mener à bien des actions de formations et de sensibilisation en commun tout en s'organisant pour réaliser des opérations de cotraitance quand les circonstances s'y prêtent.

LES ACTIONS DU CORIST

Cet organisme a été créé par les professions de la plasturgie en vue de concevoir et de mettre à la disposition de leurs membres divers services particulièrement utiles en raison de la complexité accrue des problèmes de gestion auxquels ils sont confrontés :

– publication des conditions de vente de la plasturgue-pièces sur devis (Cf chapitre XII-V)
– analyse des conditions d'achat proposées par les clients,
– guide-de lecture des normes ISO
– une police d'assurance responsabilité civile, PLASTURGIE ASSUR, qui propose une garantie de base sur les dommages corporels, matériels, immatériels causés à autrui dans l'exploitation de l'entreprise et sur les produits et les prestations livrées, notamment du fait des vices cachés. Des extensions de garantie particulières peuvent être souscrites pour tenir compte de la nature des opérations en cause et des conditions de leur déroulement. Le tout à des tarifs intéressants puisque négociés au niveau fédéral.

IV – *LA SOUS-TRAITANCE ELECTRONIQUE*

Pour 1995, selon les sources émanant de son syndicat professionnel, le SNES[6], le montant des facturations de la sous-traitance électronique était de 32 800 millions de francs environ, ce qui représentait un progrès de 9,6 % par rapport au résultat 1994 (30MF environ) et davantage encore par rapport aux années antérieures (25,8 MF pour 1993,

---

6 Le SNESE est le Syndicat National des Entreprises de Sous-traitance Electroniques

18,5 MF pour 1990). Ce chiffre de 32 800 MF ne paraît pas excessif si on le compare aux indications données par l'enquête « liaisons industrielles » du SESSI concernant l'année 1994 : 17 020 MF au titre des industries des équipements électriques et électroniques et 16 564 MF au titre des composants, soit 33 584 MF au total[7]

    L'un des tableaux inclus dans l'encadré figurant sur la page suivante présente la répartition sectorielle du marché. Il permet de constater que l'électronique grand public en représente moins de 10 % alors que, du point de vue du recours à la sous-traitance, les télécommunications, l'électronique industrielle et l'informatique atteignent des taux de croissance très élevés. Cette progression s'accompagne, comme pour les autres grands marchés de sous-traitance, d'une forte réduction du nombre des sous-traitants de premier niveau et, par voie de conséquence, d'une forte incitation à la concentration. Nombreuses sont, en effet, les firmes de taille moyenne qui ne peuvent conserver leurs dimensions actuelles en raison de l'ouverture totale du marché intérieur. L'histoire récente de cette industrie en témoigne de façon caractéristique. L'année 1992 fut, en effet, marquée par deux évènements traumatisants pour les professionnels de la sous-traitance électronique française : d'une part, le dépôt de bilan des Etablissements MORARI, la plus grosse entreprise indépendante du secteur, et, d'autre part, l'implantation à BORDEAUX d'une filiale d'un très gros sous-traitant américain, SOLECTRON, sur un site abandonné par IBM[8]

---

[7] Cette enquête du SESSI présente en effet l'inconvénient de ne pas distinguer les productions qui, de ce point de vue, ressortent respectivement de la construction électrique (courants forts) et de l'électronique (courants faibles).
[8] La stratégie de diversification commerciale mise en œuvre par SOLECTRON depuis la création de l'établissement de BORDEAUX et les modalités des rapprochements intervenus récemment entre SERIXEL et DELTA TECHNOLOGIES, d'une part, AROL TECHNOLOGIES et ARS INDUSTRIE, d'une part, sont décrites dans l'encadré de la page 177 et 178 du chapitre XII.

L'OFFRE : chiffres clés

EVOLUTION SOCIO-ECONOMIQUE

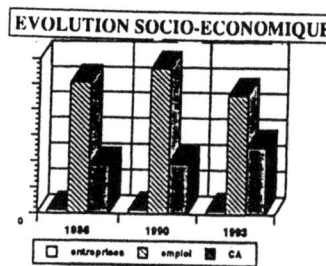

1986 / 1990 / 1993
□ entreprises ☒ emploi ■ CA

L'IMPLANTATION GEOGRAPHIQUE DES ENTREPRISES

	1979	1986	1990	1993
Ile de France	28	33.5	26.5	25.5
Est	10	8	8	8
Sud-Est	16.5	19.5	18.5	15.5
Sud-Ouest	18	10	10	12
Ouest	18	14.5	16.5	17
Nord-Ouest	4	6	8.5	9.5
Centre	5.5	8.5	12	12.5

(Valeur en % du nombre local d'entreprises implantées en France)

REPARTITION REGIONALE DES EMPLOIS

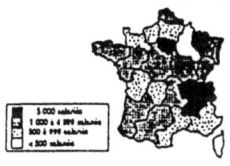

REPARTITION SECTORIELLE DU MARCHE
(EVOLUTION EN MILLIONS DE FRANCS COURANTS)

Secteurs	1990	1993
télécommunications	4440	6450
électronique industrielle	3700	5160
informatique	2405	3870
électronique professionnelle	4440	3870
électronique automobile	2200	2580
électronique grand public		2580
électronique médicale	1295	1290

REPARTITION REGIONALE DU CHIFFRE D'AFFAIRES

ACHATS ET APPROVISIONNEMENTS DE COMPOSANTS

Effectifs	1990	1993
< 20 salariés	10.9%	10.0%
20 à 49 salariés	24.8%	23.5%
50 à 99 salariés	34.2%	37.5%
>100 salariés	42.3%	51.0%
Ensemble de la profession	32.6%	40.0%

(Valeur en % du CA réalisé en sous-traitance électronique)

LE POIDS DU PREMIER CLIENT
en % du nb total de sous-traitants

Sous-traitants réalisant	1990	1993
moins de 10% de leur CA avec leur 1er client	5.5%	6.0%
entre 10% et 19% de leur CA avec leur 1er client	35.0%	26.5%
entre 20% et 29% de leur CA avec leur 1er client	32.5%	23.5%
entre 30% et 39% de leur CA avec leur 1er client	16.0%	11.0%
entre 40% et 49% de leur CA avec leur 1er client	8.0%	8.5%
50% et plus de leur CA avec leur 1er client	3.0%	24.5%

(Valeur moyenne pour la profession : 29%)

POOL STRATÉGIE / 05.94

largement subordonné à la constitution d'un certain nombre de pôles de regroupement disposant de moyens techniques, commerciaux et financiers suffisants pour qu'ils soient capables de lutter à armes égales avec des concurrents américains et japonais déjà installés sur le marché français ou se préparant à réaliser de nouvelles implantations en Europe. C'est dans cette perspective que plusieurs regroupements d'importance notable ont déjà eu lieu mais la structure des industries en cause est encore trop du type atomisé. C'est ainsi que pour les composants électroniques, l'enquête « Liaisons industrielles » du SESSI dénombre 268 entreprises de 20 salariés et plus ; mais il en existe seulement 21 qui emploient de 200 à 499 salariés et 15 qui en emploient 500 salariés et plus. Cette faiblesse structurelle explique dans une large mesure l'existence d'une balance commerciale qui ne peut pas être considérée comme satisfaisante puisque la part du chiffre d'affaires traité à l'étranger ne représente pas plus de 3 % du total alors que le recours des donneurs d'ordres français à la sous-traitance électronique étrangère correspond à plus de 20 % de leurs achats.

Face à cette situation, le SNESE déploie une activité qui a connu au cours des dernières années des développements considérables. Un contrat d'objectifs a été notamment conclu avec le Ministère de l'Industrie et sa signature a permis d'engager un programme d'action dit « PACTE 2000 » en faveur des professionnels comportant de nombreuses opérations de formation bénéficiant du concours de la Compagnie des Dirigeants d'Approvisionnement et acheteurs de France. Le SNESE peut mettre également à son actif les créations d'un Observatoire des Prix et d'une Bourse d'échange de composants, connectée avec Internet.

Une autre activité du SNESE en plein développement concerne l'organisation de participations collectives à des présentations de savoir-faire. Parmi ces manifestations, il faut citer en premier lieu le salon INTERTRONIC, organisé comme le MIDEST, par le groupe BLENHEIM qui a réuni en juin 1996 1 059 exposants appartenant aux diverses branches de la filière électronique dont 60 sous-traitants. Plusieurs missions d'industriels ont eu lieu sous l'égide du SNESE aux Etats-Unis et au Japon.Dans la conjoncture actuelle, l'industrie française de la sous-traitance électronique subit évidemment le contre coup de la très forte récession frappant l'ensemble des entreprises qui travaillent principalement ou en grande partie pour satisfaire des commandes de matériels militaires. Ce qui crée pour de nombreux sous-traitants une situation d'autant plus critique qu'ils n'ont pas fourni suffisamment en temps utile les efforts nécessaires pour se rendre moins tributaires des commandes publiques. A moyen terme, heureusement, les perspectives paraissent nettement meilleures. La progression des besoins du secteur automobile, liés au développement de l'électronique embarquée, et des producteurs de biens destinés au public devrait certainement se poursuivre. L'inévitable accroissement des importations qui en résultera ne devrait pas empêcher les sous-traitants français de bénéficier de cette évolution dans une mesure très appréciable. A condition, mais cela nous renvoie à l'analyse des stratégies possibles qui fait l'objet du chapitre XII, que les industriels ne se contentent pas de dénoncer les abus réels ou supposés de leurs donneurs d'ordres et l'illégitimité de la concurrence des pays où la main d'œuvre est sous-rémunérée.

III

LE PARTENARIAT EST-IL DEVENU UNE REALITE ?

« Le partenariat, mythe ou réalité ? ». Tel était le titre de la troisième partie de l'ouvrage publié en 1992 qui sert de référence à celui-ci. En dépit ou peut-être en raison de la multiplication des expériences partenariales, cette question n'a rien perdu de son acuité. Il est clair que le mot « partenariat », utilisé a tous propos, souffre d'un sérieux effet de mode. Ce qui était inévitable. En témoigne un dessin qui connut un vif succès dans les milieux professionnels et qui montrait un PDG, assis derrière un bureau confortable, disant à un pauvre diable de sous-traitant : « Vous n'acceptez pas de baisser vos prix de 10 %. Vous êtes donc un mauvais partenaire. » Plus sérieusement, force est de constater que le concept a mal supporté les effets de la crise conjoncturelle qui a marqué les premières années de la décennie actuelle, effets qui se sont ajoutés aux difficultés que rencontraient et que rencontrent encore certains secteurs donneurs d'ordres confrontés à des problèmes de restructuration. De telle sorte que des comportements fort peu « relationnels » ont fait trop souvent leur réapparition. Ou bien encore, comme le montre l'anecdote citée ci-dessus, que l'objectif de nombreux donneurs d'ordres est devenu, sous couvert de partenariat, d'organiser des baisses de prix progressives et systématiques de leurs fournisseurs bien plus que de mettre à profit les possibilités de synergie offertes par ce que l'on a appelé pompeusement la mobilisation de toutes les intelligences. Il en est résulté que la notion de partenariat a perdu la plus grande partie de sa signification dans l'esprit de nombreux industriels placés en position de preneurs d'ordres qui ne ressentent nullement de manière positive les effets des changements survenus dans leurs relations avec leurs clientèles. Parmi ces industriels, ceux qui ont pu à grand peine et au prix de lourds sacrifices rester au contact direct des grands donneurs d'ordres se plaignent d'être soumis à des contraintes qui s'alourdissent d'année en année ; les autres, évincés de la liste des partenaires directs, se retrouvent au deuxième niveau ou même à des niveaux inférieurs dans des réseaux pyramidaux où les fabricants d'équipements et les sous-traitants qui ont pu se maintenir au premier rang ne sont guère enclins à les ménager.

Pourtant, si le mot « partenaire » demeure d'usage courant, c'est quand même parce qu'il est seul à pouvoir traduire la réalité d'un phénomène qui affecte profondément la vie des organisations économiques, services compris, dont il faut savoir accepter le caractère irréversible. Ce qui devrait conduire les deux catégories de partenaires à jouer le jeu nécessaire pour que, sur la durée, les changements imputables au partenariat se produisent dans un sens qui soit réellement positif. Et ce qui interdit de porter sur le partenariat, en tant que phénomène de société, un jugement définitivement manichéen.

L'évolution en cours, caractérisée principalement par un mouvement d'externalisation de tâches exercées antérieurement par de grandes compagnies nationales ou multi-nationales, d'une ampleur considérable, bouleverse inexorablement les rapports existant entre l'aval et l'amont du système économique. L'objectif fondamental du partenariat est donc d'assurer la maîtrise de cette évolution. Sans manifestations d'angélisme mais en respectant une règle du jeu telle que les relations créées entre les partenaires pour un objet précis prennent une tournure durablement et mutuellement profitable.

Difficulté supplémentaire : de plus en plus souvent, le partenariat cesse d'être seulement l'affaire de deux partenaires. Ses relations doivent s'intégrer dans des réseaux pyramidaux comportant plusieurs niveaux d'intervenants. On a peut-être un peu vite qualifié ces réseaux de neuroniques mais les plus puissants bénéficient maintenant, grâce aux progrès de la communication interne, d'un maillage qui justifie pleinement cette appellation. En outre, ces réseaux ne sont plus composés seulement d'entreprises à vocation exclusivement ou principalement manufacturière. Ils comprennent aussi en proportion croissante des entreprises de service. Conséquence du glissement de ce qui constituait le tertiaire industriel vers le secteur des services, étant observé que ce secteur est appelé à vivre désormais en état d'osmose avec le secteur manufacturier, ce qui rend obsolète la distinction ternaire de Colin Clark. Situation que rend encore plus complexe, le déploiement à l'échelle mondiale de ces grands réseaux dans le cadre de stratégies dont le contenu et les implications seront analysés au chapitre XI de cet ouvrage.

Dernière observation liminaire, mais non la moindre. Le partenariat ne peut se traduire par un changement réel par rapport aux errements antérieurs en l'absence d'un changement tout aussi réel dans le comportement des acheteurs qui participent à sa mise en œuvre et donc dans la manière dont ils sont jugés ou évalués et se jugent eux-mêmes. Il est impossible de leur demander tout à la fois de contribuer à la promotion de certains fournisseurs, d'assumer des tâches d'animation et d'avoir pour premier objectif d'obtenir par des négociations musclées des rabais maximaux.

I - *LE PARTENARIAT EN TANT QUE PHENOMENE DE RUPTURE*

Pour illustrer ce phénomène qui a pour effet de remettre en cause la plupart des caractéristiques de la sous-traitance traditionnelle, nous avons cru bon de dresser un tableau comparatif qui se présente sous une forme très schématique :

SOUS-TRAITANCE TRADITION-NELLE	PARTENARIAT
• TAYLORISME • MORCELLEMENT DES TÂCHES • CONFINEMENT DANS TRAVAUX D'EXÉCUTION • CONTROLES EFFECTUÉS A POSTERIORI CHEZ LE D.O. • PEU DE RAPPORTS ENTRE LES DIVERS SOUS-TRAITANTS • NOMBREUX SOUS-TRAITANTS DIRECTS	• NOUVEAU SYSTEME DE PRODUCTION • REGROUPEMENT AU NIVEAU DU SOUS-ASSEMBLAGE • IMPLICATION DÈS LE DÉBUT DE LA CONCEPTION DU PRODUIT FINAL • AUTO CONTRÔLE SUR BASE ASSURANCE QUALITÉ • RÉSEAU PYRAMIDAL • PEU DE PARTENAIRES 1ER RANG

• CHOIX TENDANT À FAVORISER :
  A - L'INTÉGRATION
  B - LE RECOURS AUX « MOINS DISANTS »
	• CHOIX VISANT :
	  A - PERMETTRE RECENTRER D.O. SUR SES MÉTIERS DE BASE
	  B - DÉLÉGUER FONCTIONS NON ESSENTIELLES AUX « MIEUX SERVANTS »

• LOGIQUE : ÉCHANGE MARCHAND OU TRANSACTIONNELLE	• LOGIQUE RELATIONNELLE

L'examen de ce tableau ne doit pas faire perdre de vue qu'il existe dans la pratique toute une gamme de situations intermédiaires entre les formes courantes de sous-traitance et le partenariat proprement dit qui implique, au moins dans certains domaines, l'établissement d'une parité effective entre les parties. Un accord de caractère purement marchand, laissant subsister de grandes inégalités dans les rapports de forces peut très bien servir de base à l'organisation de transactions étalées sur plusieurs années. Inversement, un partenariat qui serait caractérisé par la réalisation d'une situation parfaitement équilibrée mériterait d'être qualifié d'asymptotique.

Il n'en reste pas moins que l'entrée dans la voie du partenariat s'inscrit dans le vaste mouvement qui entraîne l'abandon du système taylorien et le passage à un nouveau système de production des richesses. Tous les changements dont la liste est dressée dans le tableau qui figure à la page précédente en découlent.

Parmi ces changements, le plus caractéristique est assurément celui qui entraîne l'abandon des méthodes de production fondées sur le morcellement des tâches dans un souci d'organisation scientifique du travail. Le regroupement des activités des preneurs d'ordres au niveau du sous-assemblage confié à un partenaire direct de l'assembleur final est de même nature que l'affectation à une cellule de production composée des personnels polyvalents capables d'effectuer à tour de rôle les diverses tâches nécessaires la réalisation d'un produit complexe. Ce regroupement a pour effet de réduire fortement le nombre des partenaires directs du chef de file du réseau constructeur-équipementiers-fournisseurs et sous-traitants de rangs inférieurs. Il faudra, bien entendu, analyser les effets économiques et sociaux de cette limitation dans la suite de cet ouvrage.

La sous-traitance traditionnelle pouvait aussi être qualifiée de taylorienne dans la mesure où elle tendait à confiner le preneur d'ordres dans les travaux d'exécution. L'implication dès le début de la conception du produit dans lequel s'intégrera le fournisseur d'un composant déterminé tend au contraire à devenir la règle en régime de partenariat. De la même manière, alors que le producteur, antérieurement, n'était pas appelé à effectuer lui-même le contrôle de sa production puisque la conformité aux prescriptions était vérifiée à la livraison, donc chez et par le client, le nouveau système implique l'autocontrôle sur la base des engagements pris au titre de l'assurance qualité. Entre autres avantages, cet autocontrôle présente celui d'être un contrôle en temps réel. Il permet donc d'intervenir dès le premier constat d'une déficience ou même dès qu'un dérèglement quelconque permet de redouter le non respect à brève échéance des tolérances autorisées. L'utilisation de méthodes statistiques extrêmement fines permet ainsi de réduire non pas à zéro, ce qui serait mythique, mais à des pourcentages infiniésimaux le taux des défauts admis pour une production dont on se plaît à dire qu'elle doit être bien faite du premier coup.

Sauf exceptions, le système taylorien n'assignait guère plus qu'un rôle d'appoint dans le système productif à la sous-traitance. Dès lors, elle ne jouait aucun rôle stratégique. Le système était bâti sur une logique qui assurait une prépondérance absolue aux responsables directs de la production intégrée. Il n'existait pas à proprement parler de fonction achat. Dans un tel système, il était, en effet, hors de question de confier des responsabilités stratégiques aux acheteurs dont on attendait seulement qu'ils remplissent correctement des tâches d'intendance. En fait, même dans le cas de la sous-traitance traditionnelle, à la grande époque de la sous-traitance de capacité, cette perception n'était pas totalement justifiée. Le recours à la sous-traitance n'était pas uniquement destiné à faire face à des besoins exceptionnels ou imprévus. Il permettait aussi de rentabiliser suffisamment un procédé ou une production nouvelle sans qu'il soit nécessaire de réaliser des investissements supplémentaires ou dans l'attente de l'accroissement de capacité généré par la mise en route d'un équipement non encore opérationnel.

La logique du partenariat, telle qu'elle a pris corps au début des années 1980, s'est efforcée au contraire de donner à l'approvisionnement extérieur une signification hautement stratégique. Dans un premier temps pour mettre à profit tous les avantages de la création de relations durables et notamment les effets d'apprentissage. De plus en plus pour mettre en œuvre des stratégies de recentrage sur des métiers de base. De telle sorte que l'on peut se demander si, en l'absence d'une telle option stratégique, le partenariat n'aurait pas été qu'une mode passagère.

Cette option stratégique impose une très forte spécialisation. En général elle ne permet de conserver que des activités de montage ou d'assemblage et, en nombre limité, les productions d'organes ou de composants qui assurent au produit final sa spécificité et, s'il s'agit d'un véhicule, sa silhouette. En revanche, il peut arriver que soient transférées à l'extérieur des activités qui auraient pu être exercées à meilleur compte dans un atelier ou un département de fabrication intégré. Mais cela n'entame nullement la prépondérance du critère « prix » dans le choix des fournisseurs. Ou plus exactement du critère « compétitivité » qui tient compte, non seulement du prix d'achat mais aussi de tous les autres facteurs qui contribuent à l'optimisation du choix : savoir-faire, respect des délais et de la qualité, éventuellement capacité d'innover, etc. Le choix ne se porte plus sur le « mieux disant » mais sur le « mieux servant » dès lors qu'un prix-limite dit « prix-objectif » (target cost level) n'est pas dépassé.

La logique du nouveau système mérite-t-elle le qualificatif de « relationnelle » par opposition à la logique de l'échange purement marchand qualifié de « transactionnelle » ? Certains esprits chagrins pourraient faire observer que, dans tout échange, il y a une petite part de relationnel. Ne serait-ce que le sourire commercial, les remerciements d'usage, le petit cadeau final qui prend valeur symbolique. Et de condamner ce qui ne serait à leurs yeux qu'une tautologie... ou un marché de dupe. Tel n'est pas notre sentiment. Certes, il faut répéter que le partenariat ne doit en aucune manière se teinter d'angélisme. Mais il reste qu'il se définit comme étant tout le contraire d'un jeu à somme nulle. Chaque partie doit y trouver son compte. Ce qui se trouve placé au cœur du débat sur le partenariat, c'est précisément le problème soulevé par le partage équitable des gains de productivité que l'existence d'une coopération durable permet de maximiser. Gains d'autant plus importants que les partenaires sont censés pratiquer un dialogue permanent nourri par des flux d'informations d'une densité croissante (Cf ce qui est exposé au chapitre VII au sujet de la coopération à organiser en matière d'intelligence économique).

II - *DE L'ETHIQUE DU PARTENARIAT*

Logique rationnelle et éthique vont de pair. Dans le précédent ouvrage consacré au partenariat industriel, il avait été déjà pris parti (pages 163 à 169) pour une éthique fondée sur plusieurs conditions dont le respect permet d'aboutir à un partenariat réel par opposition à une sorte de partenariat « Canada Dry » où les changements ne seraient que des faux semblants.

En tout premier lieu, le partenariat exige une confiance absolue et réciproque. Il est essentiel que chaque partenaire ait pleinement confiance dans l'aptitude de l'autre à tenir ses engagements et dans la sincérité des informations échangées pour permettre l'exécution optimale du contrat ainsi que l'amélioration des processus productifs et des produits. Il faut déjà un très haut niveau de confiance réciproque pour que les partenaires inscrivent leur coopération dans le cadre d'un contrat de longue durée. Conclure un tel contrat avec un partenaire dans lequel on n'a pas confiance est une faute de gestion. Tromper délibérément la confiance du co-signataire une action dolosive méritant une sanction pénale.

L'acceptation de l'idée de parité et sa mise en pratique sont des conditions qu'il paraît nécessaire de formuler même si elles ont un caractère peu réaliste quand les différences de tailles, de moyens financiers et de niveaux de formations semblent créer des barrières infranchissables entre un groupe multinational et une PME. Parce qu'il importe d'obtenir au minimum renonciation à tout abus de supériorité économique et parce que le « Zéro mépris » est aussi l'une des conditions d'un bon partenariat. Mais il y a plus. De véritables situations de parité peuvent se créer dans des situations de recherche où la capacité de chacun à contribuer à la solution des difficultés rencontrées et à faire acte d'innovation compte tellement que les différences de potentiels perdent beaucoup de leur importance. C'est le cas en particulier de tout ce qui relève de la notion d'intelligence économique (Cf. chapitre VII), les partenaires ayant le devoir de conjuguer leurs efforts d'investigation et de se partager loyalement toutes les informations qui sont d'un intérêt commun.

Troisième condition éthique : une obligation de concertation qui exclut, par principe, tout acte unilatéral, toute mesure de remise en cause sans respect d'un délai minimum de prévenance. Bien évidemment, l'accord conclu peut énumérer une série de cas où l'un des partenaires serait fondé à réduire l'importance des commandes passées à l'autre ou même à les supprimer s'il est donneur d'ordres, à majorer ses prix pour hausse exceptionnelle du coût de l'un des facteurs de production, à retarder ses livraisons ou même à les suspendre pour cause de force majeure s'il est preneur d'ordres. Mais l'expérience enseigne que ces clauses ne doivent pas jouer sans qu'aucune procédure de concertation n'ait permis de rechercher les solutions qui permettraient d'élaborer un modus vivendi acceptable par les deux parties ou, tout au moins, de limiter autant que faire se peut les préjudices résultant de la modification ou la rupture de l'accord. A défaut, le risque d'abus de droit devient considérable. Il place dans une situation fragile les entreprises qui peuvent se voir retirer du travail d'un jour à l'autre dès lors que la sous-activité d'un département ou d'un atelier du donneur d'ordres l'incite à effectuer des opérations de rapatriement. Pratique qui, selon l'expression consacrée, consiste à transférer sur autrui le risque économique.

La quatrième condition consiste précisément dans l'existence chez les décideurs des deux firmes en confrontation d'un esprit qui ne sacrifie pas les exigences du long terme aux préoccupations du court terme, même et surtout en période de mauvaise conjoncture. Certes, il n'est pas rare que, dans les grandes entreprises, on raisonne de la même manière que les ministres de Louis XV : « Quand il y a le feu à la maison, on ne s'occupe pas des écuries. » Certes, les effets d'une mauvaise conjoncture doivent être équitablement partagés et il est impossible de reprocher à une entreprise victime d'un échec commercial d'en limiter le plus possible les conséquences sur l'emploi de son personnel. Mais faut-il pour autant traiter une entreprise qui s'était conduite en partenaire valable et peut redevenir un partenaire précieux en cas de retournement de situation avec la même rudesse que s'il s'agissait d'un simple sous-traitant de capacité ?

A plus forte raison, les difficultés que rencontrent certaines industries dont l'activité présente un caractère très cyclique doivent être traitées en prenant en considération la nécessité de ne pas assurer seulement la sauvegarde des producteurs finaux. Nous pensons particulièrement au cas de l'industrie aéronautique qui est obligée, chaque fois qu'elle prend un nouveau départ, de contribuer à la reconstitution d'un potentiel gravement endommagé au cours de la crise précédente ou de faire appel à des entreprises étrangères en raison de la disparition de certains spécialistes français.

Reste la question de savoir s'il convient d'envisager l'établissement d'une Charte du partenariat qui prendrait en quelque sorte le relais de la Charte de la sous-traitance élaborée par le CENAST en 1992. Nous pensons qu'il faut laisser sur ce point une entière liberté de choix aux professionnels. Deux remarques seulement. Les « ardentes obligations » n'ont une réelle valeur que si elles sont susceptibles d'être prises en considération par un tribunal chargé de juger d'un litige. Comme pour tout accord-type, il existe toujours une forte tendance à procéder pour chaque clause en s'alignant strictement sur le dispositif le plus favorable pour l'entreprise qui se trouve en position de force. Ce qui oblige l'entreprise qui n'est pas dans cette position à redoubler de vigilance dès qu'elle est mise en présence d'une rédaction susceptible de donner lieu à des interprétations divergentes.

IV
L'EVOLUTION RECENTE DES SYSTEMES DE PARTENARIAT

Comme toute période de transition propre à une fin de siècle, la décennie en cours connaît l'extension progressive de changements fortement annonciateurs de ce qui marquera le plus le début du siècle suivant. En témoigne l'évolution rapide des modes de production dont les effets n'ont pas manqué d'affecter les conditions de fonctionnement des systèmes de partenariat.

Ces changements paraissent dus à deux causes principales qui agissent en interaction. La première, c'est l'émergence des techniques faisant entrer dans l'ère de l'information-communication. Elles accentuent le caractère relationnel des échanges entre agents économiques distincts. La seconde cause réside dans la mondialisation non seulement des biens et des services mais aussi des idées. Elle est source de transferts technologiques quasi-instantannés, créatrice de nouveaux courants transcontinentaux prenant souvent les pays anciennement industrialisés au dépourvu. Il en résulte que des exemples japonais ou américains peuvent faire tache d'huile en quelques années sur l'ensemble de la planète s'ils répondent aux besoins du marché ou si une politique de marketing bien conduite réussit à créer de tels besoins.

Parmi les changements les plus notables, il faut citer en premier lieu celui qui affecte le contenu des rapports existant entre les groupes chefs de file de réseaux pyramidaux et leurs partenaires de premier niveau. Sauf exceptions, ces derniers doivent être capables désormais de concevoir ce qu'ils sont appelés à réaliser. Cette obligation implique le refoulement des « purs » sous-traitants à des niveaux plus bas de la pyramide. Nous essaierons d'en tirer les conséquences.

Nous nous proposerons d'aborder ensuite les problèmes que soulèvent :

– la pratique de la source unique d'approvisionnement
– les méthodes de production allégée (lean production)
– la fixation du prix sur la base d'un coût-objectif
– l'emploi de systèmes d'échange de données informatiques

I – *LES CONDITIONS MISES AU PARTENARIAT DE PREMIER RANG*

Dans ce qui va suivre, il faut entendre par « purs » sous-traitants les fournisseurs qui n'assument pas ou n'envisagent pas d'assumer à court terme des responsabilités de concepteurs. Travaillant sur les plans et les idées de leurs donneurs d'ordres, et même s'ils jouent un rôle consultatif important, ils n'arrêtent pas en dernier ressort les spécifications du cahier des charges qu'ils ont à respecter. Sauf à refuser de s'engager sur des spécifications dont ils ne pourraient ignorer l'inexécutabilité ou la dangerosité dans les conditions d'utilisation portées à leur connaissance. Devoir de mise en garde imposé par les règles de l'art telles qu'ils sont tenus de les observer en l'état actuel des techniques et dont la transgression les rendrait pleinement responsables devant les tribunaux. Bien entendu, il peut exister des cas limites et des problèmes de frontière. En particulier, l'analyse d'un contrat, si fine soit-elle, ne permet pas toujours de déterminer qui est responsable de quoi car les risques d'ambiguïté ne peuvent pas être totalement éliminés. Néanmoins, la frontière est tracée nettement. Les apports de matière grise demandés de plus en plus fréquemment au sous-traitant l'en rapprochent. La franchir impose généralement des charges et des prises de risques qui sont de nature à rendre le franchissement impossible ou très difficile pour la grande majorité des PME. Il faut ajouter que, dans la pratique, les situations hybrides ne sont pas rares. Un industriel peut être concepteur de produits réalisés sur cahier des charges fonctionnel pour une partie de ses activités et non concepteur pour les autres. Ce qui donne parfois un caractère encore plus aléatoire aux résultats des enquêtes statistiques utilisés pour déterminer les flux de sous-traitance.

Or, l'évolution récente des méthodes pratiquées par les grands donneurs d'ordres pour choisir leurs partenaires directs montre qu'il n'est plus possible aux sous-traitants de se maintenir en première ligne s'ils ne se montrent pas capables d'effectuer un très grand saut qualitatif. N'échappent à cette contrainte que les détenteurs de savoir-faire si pointus qu'ils peuvent être considérés comme provisoirement incontournables.

Ces nouvelles exigences des grandes entreprises s'inscrivent dans le cadre de leurs stratégies de concentration sur leurs métiers de base. Stratégies qui, poussées à l'extrême, les amènent à ne plus gérer directement que des fonctions de conception générale et d'ensembliers en externalisant au maximum les tâches manufacturières et une part croissante d'activités de services entrant dans le cadre de ce que l'on appelle communément le tertiaire industriel. Seules limites : les résistances syndicales et la nécessité de conserver pour chaque catégorie d'approvisionnement une maîtrise technologique suffisante tant pour rester juge de la validité des solutions proposées par les fournisseurs que pour être à même de contrôler la bonne exécution des contrats passés avec eux.

Une autre raison de portée moins générale mais souvent déterminante d'imposer au fournisseur d'être concepteur à part entière consiste dans son association aux travaux de l'équipe multidisciplinaire qui est chargée de mener à bien le processus conceptuel préalable dans l'industrie automobile au lancement d'un nouveau véhicule. On se trouve donc en présence d'un partenariat de conception, mais il va de soi que de telles relations sont plus faciles à gérer si les deux partenaires peuvent parler le même langage et possèdent le même type ou tout au moins le même niveau de culture. Ce qui contribue à favoriser la création de liens forts avec des entreprises, gros équipementiers en particulier, disposant d'un potentiel capable de soutenir la comparaison, toutes proportions gardées, avec celui de leurs donneurs d'ordres.

Cette évolution n'exclut pas totalement les PME de l'accès à la situation de partenaire de premier niveau. Mais il y a lieu de prévoir que cet accès sera réservé de plus en plus aux firmes qui appartiennent à la catégorie « Grosses PME » employant plus de 200 salariés et réalisant plusieurs centaines de millions de francs de chiffres d'affaires. Cette sélectivité tend à devenir encore plus rigoureuse dans la mesure où, de plus en plus souvent, ces gros partenaires doivent posséder les moyens d'accompagner, à leurs risques et périls, leurs chefs de file dans leurs tentatives d'implantation à l'étranger (Cf. chapitre XI).

L'atteinte du seuil à franchir pour figurer au premier niveau est donc de plus mal aisée pour une PME, même si elle bénéficie d'un rythme rapide de croissance interne. D'où la nécessité de grandir par croissance externe en procédant à des rapprochements avec des collègues confrontés aux mêmes obligations. Mais il reste que l'enseignement essentiel à tirer de ce constat est le recul au second rang ou même à des rangs inférieurs de la très grande majorité des PME et notamment de celles dont les activités demeurent dans le cadre de la sous-traitance industrielle telle qu'il est d'usage de la définir. Mais, précisément, ne faut-il pas se demander si cette sous-traitance industrielle ne retrouve pas le sens initial de l'expression « sous-traitance » dont elle s'était écartée par une sorte de dérive technique. De bipolaire, elle tend en effet à redevenir tripolaire dès lors que se trouve reconstitué le triptyque. « Maître d'ouvrage (concepteur et vendeur du produit final) – entrepreneur principal (fournisseur en première ligne d'organe ou de sous-ensemble), sous-traitant uni par un sous-contrat au précédent ».

Ce retour vers la source oblige à se préoccuper sérieusement du sort des obscurs et des sans-grades qui sont placés aux plus bas niveaux de la pyramide. Comment prévenir les risques de marginalisation auxquels ils peuvent être exposés ? Sur le plan « franco-français », ne faut-il pas rendre plus aisément applicable au cas de cette sous-traitance triangulaire le dispositif de la loi du 31 décembre 1975 relative à la sous-traitance qui est censé protéger les preneurs d'ordres contre les risques de défaillance des entrepreneurs principaux mais repose sur des conceptions propres aux secteurs du bâtiment et des travaux publics. On trouvera au chapitre VIII des éléments de réponse à cette interrogation.

Dans un pareil contexte, il est compréhensible que bon nombre d'entrepreneurs faisant métier de sous-traitant manifestent de fortes réticences à l'encontre de la notion de partenariat. Certains, qui ont pourtant réussi à se maintenir en première ligne en viennent parfois à regretter aujourd'hui l'expérience qu'ils en ont faite. Des avantages trop théoriques et trop facilement remis en cause. Des servitudes et des modes d'asservissement qui les conduisent presque à regretter de s'être engagés dans la voie du partenariat. Il se peut que, la médiocrité de la conjoncture aidant, ils se laissent trop accaparer par leur vision du court terme. Mais, lorsqu'ils s'interrogent sur le long terme, comment pourraient-ils éviter de se demander si les systèmes dans lesquels ils sont entrés sont réellement des réseaux conviviaux et si le partenariat n'est pas autre chose qu'un jeu à somme nulle ?

III – *LA PRODUCTION ALLEGEE, ELEMENT CLE DU NOUVEAU DISPOSITIF*[9]

L'économie de moyens a toujours été l'une des conditions sine qua non d'une bonne gestion. De telle sorte qu'il semble difficile, à première

---

[9] Cf. Dossier « Produire au plus juste » publié dans « INDUSTRIE » N° 15 de mars 1996.

vue, de considérer comme novateur le concept de « lean production » dont nous utiliserons désormais l'équivalent français. Pourtant ce concept mérite bien d'être mis à l'honneur. Il permet de mettre l'accent avec une vigueur inégalée sur la nécessité de rechercher avec insistance et en permanence toute possibilité de réduction des coûts n'ayant pas pour contrepartie l'abaissement de la qualité et du niveau des performances au-dessous de ce qui est demandé par la clientèle. Il oblige à réagir avec une extrême vivacité contre la tendance à ne pas faire simple quand on peut faire compliqué, tendance aussi fâcheuse que largement répandue.

On ne saurait dire que, par un effet de mode, la production allégée a pris le relais de la qualité totale. Des deux notions, l'une est le prolongement de l'autre car la qualité totale est la recherche de l'optimum et non pas la recherche de la perfection pour la perfection. En réalité, les méthodes dites de production allégée ne font que renforcer les exigences de participation active de tous les agents et de tous les individus associés à la conception, la mise en œuvre, la production, la vente, l'après-vente et le suivi de l'ouvrage à réaliser... Mais, sans renoncer aucunement à prévenir les dysfonctionnements, elle implique l'obligation de FAIRE AU PLUS JUSTE ce qu'il faut pour satisfaire au mieux la demande finale dans les meilleurs délais et au moindre coût.

La démarche à suivre exige donc en tout premier lieu une maîtrise confirmée des techniques d'analyse de la valeur. Condition nécessaire pour ne pas laisser échapper des possibilités qui permettraient, à performances au moins égales, de simplifier un processus et d'accélérer son rythme. Il faut lutter contre la redondance, sauf si elle est imposée pour des raisons de haute sécurité. L'accroissement de la flexibilité et, par voie de conséquence, l'organisation d'équipes composées de personnels polyvalents sont également des objectifs primordiaux. Il convient de rapprocher autant que possible les lieux de production et d'assemblage successifs de manière à permettre la synchronisation des phases opératoires, séquence par séquence. En résumé, rien ne doit être négligé de ce qui peut contribuer dans le cadre de ce dispositif d'allègement au respect des limites résultant du prix que le donneur d'ordres aura fixé comme objectif (Cf. ci-après IV).

Les contraintes sont sévères. Pour bien fonctionner, le système exige une transparence totale. Le fournisseur est obligé de jouer à livre ouvert. Tout comme le Juste-à-temps, la production allégée s'inscrit dans le cadre d'une lutte à mort... contre les temps morts. Car il faut toujours aller plus vite pour battre la concurrence. De telle sorte que les méthodes de production allégée doivent en grande partie leur succès à la mondialisation de l'économie. Leur emploi peut effectivement être perçu comme le moyen de compenser dans une certaine mesure des différences de coûts salariaux importantes en obtenant une meilleure productivité de la part d'un personnel mieux formé. Encore faut-il ne pas répandre dans ce personnel un sentiment de sur-exploitation et ne pas abuser excessivement de sa résistance physique et nerveuse. Mais empressons-nous de dire aussi qu'il y a certainement un lien très fort entre allégement de la production et possibilités d'aménagement, voire même de réduction des horaires de travail.

IV - *LA FIXATION DU PRIX SUR LA BASE D'UN NIVEAU MAXIMUM IMPOSE*

La démarche suivie est inspirée dans le cas de l'industrie automobile par l'état actuel du marché dans les pays où la demande est pour l'essentiel une demande de renouvellement.

Plaçons-nous dans l'hypothèse où un particulier, qu'il y ait ou non une incitation de l'Etat, décide de procéder au remplacement de son véhicule. Cet acheteur n'est plus celui des Trente Glorieuses. Les temps sont différents. Il se voit dans l'obligation d'être plus économe. Il succombe donc moins facilement aux séductions publicitaires et aux considérations de standing. En conséquence, il est bien décidé à ne pas « mettre » plus d'une certaine somme S dans l'achat envisagé. Si toutes les informations recueillies par le constructeur démontrent que, sur le segment de gamme concerné, la clientèle française, dans sa très grande majorité n'est pas disposée à payer un prix supérieur à S, le constructeur saura qu'il ne peut pas dépasser ce prix pour le prochain modèle. Sa connaissance des prix actuellement pratiquées par la concurrence et ce qu'il sait de ses projets peut même l'amener à se fixer un prix de vente plus bas comme objectif. De ce prix objectif, il doit déduire le coût-objectif global et une série de coûts partiels correspondant pour chaque achat au maximum de ce qu'il est prêt à dépenser. Il ne reste donc plus au fournisseur qu'à rechercher, dans le strict respect du cahier des charges, une solution qui ne dépasse pas un prix fixé généralement à un niveau sensiblement inférieur à ceux qui avaient été acceptés précédemment.

Par rapport aux errements antérieurs, il s'agit d'un complet retournement. Désormais, c'est l'aval qui détermine le coût alors que le prix découlait traditionnellement du coût prévisionnel, compte tenu des perspectives d'évolution du prix des matières utilisées et de celui des autres achats que le fournisseur devait effectuer lui-même. En fait, le sous-traitant fonctionnait le plus souvent dans une logique de taux horaire.

Le rapport avec le concept de production allégée est évident. Peu importe que le fournisseur essaie d'attendrir son client en se prétendant étranglé. Il doit faire tout son possible et même l'impossible pour tenir ses propres coûts. En ayant l'esprit inventif, en multipliant les astuces, en prêtant une oreille attentive aux suggestions de son personnel, en pratiquant une veille technologique assidue.

Bien entendu, la brutalité de cette pratique est vivement dénoncée par les dirigeants des entreprises qui en subissent les contraintes. Habitués à de tout autres modes de raisonnement, ils se plaignent d'être soumis à de nouvelles formes de surexploitation ou même à des manœuvres qui, en leur imposant des missions impossibles, n'ont d'autre but que de les évincer au profit de concurrents étrangers. Plaintes aux quelles les constructeurs français ont beau jeu de répondre que c'est précisément l'intensification de la concurrence internationale qui les oblige à se montrer intraitables en ce qui concerne le respect des prix-objectifs et qu'ils n'ont fait qu'appliquer une méthode qui était depuis longtemps de pratique courante au Japon. Il n'en reste pas moins que le système du « cost design price » conjugué avec l'exigence de baisses de prix annuelles systématiques met en évidence des faiblesses structurelles graves dont beaucoup sont sans remèdes. Constat qui vaut aussi bien pour un certain nombre d'équipementiers français que pour les PME soumises au même traitement.

Néamoins on peut penser que l'adaptation au système des prix-objectifs devrait avoir des effets salutaires à certains égards. Mais à trois conditions. Que cette adaptation ne se fasse pas uniquement grâce à des suppressions d'emplois. Que les donneurs d'ordres français ne ménagent pas leurs efforts dans l'aide qu'ils se doivent d'apporter aux fournisseurs nationaux à la recherche de solutions appropriées. Enfin que ces mêmes donneurs d'ordres ne poussent pas la rigueur à l'excès. Quelles que soient les précautions prises, des prix trop tendus peuvent conduire à des solutions dont on s'apercevra, après coup, qu'elles peuvent réduire la fiabilité du produit.

Enfin, il est à craindre que la fixation de prix peu ou non rémunérateur ait pour effet de faire disparaître ou de contraindre au rachat par des investisseurs étrangers bon nombre de fournisseurs nationaux. Ce qui ne serait conforme ni à l'intérêt du pays ni à l'intérêt bien compris des constructeurs de véhicules ou d'autres équipements en cause. Il ne serait pas sain que leur sécurité d'approvisionnement dépende dans une trop large mesure de fournisseurs qui auraient tendance, notamment en cas de crise, à consentir un meilleur traitement aux concurrents ayant leur nationalité.

V - *L'APPROVISIONNEMENT A UNE SOURCE UNIQUE* (Single sourcing)

Il y a une vingtaine d'années, l'idée de confier à un seul fournisseur la responsabilité de réaliser un composant déterminé aurait été considérée comme étant des plus saugrenues. En ce temps-là, l'usage imposé par un souci de bonne gestion voulait que l'on mette en concurrence permanente plusieurs entreprises pouvant se conformer de manière satisfaisante et à des prix compétitifs aux prescriptions du cahier des charges. L'appel simultané à ces fournisseurs, dont il était bon d'assurer l'équilibre des plans de charge offrait en outre les meilleures garanties contre les risques de défaillance de l'un d'eux. La sagesse populaire, et le bon sens enseignant qu'il ne faut pas mettre tous ses œufs dans le même panier, il n'était pas question de transgresser ce principe de division des risques.

L'adoption de systèmes de gestion inspirés du modèle japonais conduisit à réduire très sensiblement le nombre des fournisseurs pour un même produit. Il fut admis que l'optimum était de ne plus en avoir que deux. L'allongement des séries permettait de réduire les coûts tout en choisissant les meilleurs mais sans porter atteinte à la sécurité d'approvisionnement. Si l'un de ces fournisseurs venait à disparaître, il suffisait d'avoir pris les dispositions nécessaires pour que l'autre puisse rapidement satisfaire la totalité des besoins sans que se produise une rupture de stocks.

Quelles sont les raisons qui incitent maintenant de grandes compagnies à abandonner ce principe de la division des risques en s'adressant à une seule source pour la production d'un équipement prêt au montage ?

Bien que non négligeable, l'effet de volume ne paraît pas être la cause déterminante de cette pratique. Le recours à la source unique présente deux autres avantages qui semblent plus considérables. D'une part, il rend plus aisée l'association du fournisseur reconnu comme étant apte à participer au processus conceptuel et prendre part en tant que de besoins aux travaux menés par les équipes de projet. D'autre part, il permet d'intégrer ce fournisseur unique dans une stratégie de mondialisation dès lors qu'elle se fonde sur la commercialisation des mêmes modèles de base adaptés aux caractéristiques des différents marchés ou zones où la firme leader a décidé d'être présente.

Association très en amont, information donnée sur des projets stratégiques en gestation en vue d'une adhésion éventuelle, tout cela nécessite une confidentialité absolue. On peut à la rigueur partager un secret à deux. A trois, c'est presque impossible... Il en résulte que, dans les systèmes pyramidaux, la pointe de la pyramide tend à devenir plus étroite. Non plus quelques centaines mais quelques dizaines de partenaires directs. Mais ces heureux élus doivent avoir eux-mêmes une taille imposante, condition à remplir pour être ou pour devenir en cas de besoins transnationaux. Ce qui suppose qu'ils disposent de ressources financières abondantes et, pour employer une tournure un peu triviale, qu'ils aient les reins solides. Certes, l'association avec une entreprise locale peut réduire le coût des investissements initiaux et dépenses à effectuer ultérieurement dans le pays d'accueil. Mais la prise de risques demeure considérable surtout si elle a lieu dans un pays au régime politique instable. Si l'opération se solde par un échec, une grande firme peut l'assumer sans que son existence soit mise en péril. Il n'en va pas de même pour une entreprise moyenne. Cette considération devrait conduire à adopter une attitude réaliste dans certaines zones où les risques financiers et politiques sont particulièrement élevés, telles que celle qui est formée par la Russie et les autres Etats issus de l'ex-URSS. Dans ces zones, il nous semble que la présence du fournisseur unique, disons plutôt du fournisseur de base, doit se manifester de préférence par une action tendant à mettre à niveau des producteurs locaux, quitte à en susciter la création s'il n'y en a pas de suffisamment qualifiés.

V - *LA GENERALISATION PROGRESSIVE DE L'ECHANGE DE DONNEES INFORMATISEES (EDI)*[10]

Rappelons que cet échange a pour but d'organiser le transfert de données structurées d'un ordinateur à un autre par le biais de réseaux permettant leur interconnexion. Par rapport aux systèmes de télétransmissions utilisables antérieurement, les progrès sont considérables. L'EDI supprime en effet les saisies multiples, réduit le nombre et le temps des traitements, accélère les transactions commerciales, favorise la diminution des stocks, supprime pratiquement les échanges entre les participants de courrier courant. L'EDI peut se limiter aux échanges de données commerciales et administratives. De plus en plus, il s'étend aux échanges de données techniques, notamment dans le cadre de relations client-fournisseur ou donneur-preneur d'ordres. Les entreprises sous-traitantes sont donc doublement concernées :

– dans leurs relations d'aval avec leurs clients

– dans leurs relations d'amont avec leurs propres fournisseurs

– éventuellement dans leurs relations avec d'autres partenaires (banques, assurances, transporteurs, etc).

Jusqu'à présent, les échanges de données techniques se sont surtout développés entre de grandes entreprises et leurs plus gros clients. Mais ce n'est pas encore devenu une règle aussi systématique que dans d'autres pays européens où la pratique de l'EDI est maintenant condition d'accès au partenariat. Une démarche qui paraît logique dans la mesure où l'EDI apparaît un complément indispensable d'un système coordonné de gestion de la production et un excellent moyen de faciliter un fonctionnement en Juste-à-temps.

---

10 Parmi les textes de synthèse les plus récents concernant les applications de l'EDI, on peut citer :
– « L'échange de données informatisé » – CETIM Information – décembre 1995
– « L'EDI ou la communication informatisée en temps réel » – Les cahiers de la sous-traitance électronique – septembre 1995

La lenteur du rythme d'équipement des entreprises françaises et notamment des PME ne saurait s'expliquer uniquement par le coût des investissements à réaliser. Le coût direct semble, à première vue, assez modéré, surtout si l'entreprise s'est déjà dotée ou se dote simultanément d'un système de gestion de la production assistée par ordinateur. En outre, il existe des possibilités d'abonnements forfaitaires incluant logiciel, formation et assistance technique. Selon le Syndicat National des Entreprises de Sous-traitance électronique, elles permettraient d'obtenir un coût annuel inférieur à 25 000 Frs. En conséquence, mieux vaut mettre en cause la prudence excessive dont font preuve certains donneurs d'ordres vis-à-vis des PME, des difficultés d'apprentissage propres à faire hésiter les industriels tant qu'ils ne sont pas l'objet de sollicitations pressantes et la diversité des systèmes proposés sur le marché. Cette diversité est assurément moins gênante pour les fournisseurs de premier rang réalisant des chiffres d'affaires importants avec de gros clients. D'autant plus que ce sont eux qui savent tirer le meilleur parti des interfaces disponibles dont la qualité est en constante amélioration. En revanche, le choix d'un logiciel valable est particulièrement délicat pour une PME ayant affaire à de nombreux clients équipés en systèmes EDI différents.

Un effort de normalisation appréciable a été pourtant accompli avec la confection de la norme de base ISO 9735 (29 735 en nomenclature européenne). Celle-ci reprend l'ensemble des normes dites EDIFACT et notamment l'ISO 7372, plus connue sous le sigle TDED (Trade Data Element Dictionnary) qui constitue le répertoire des éléments relatifs aux données commerciales. Mais, pour compliquer les choses, cet ensemble EDIFACT n'est lui-même qu'imparfaitement intégré au modèle communicatif OSI, internationalement reconnu, qui vise à faciliter le transfert d'informations entre systèmes hétérogènes.

En France, les entreprises de l'électronique disposent d'un sous-ensemble sectoriel EDIFICE spécialement conçu pour répondre à leurs besoins. Mais les grands donneurs d'ordres tels que PSA, RENAULT, AEROSPATIALE ont conçu des interfaces qui semblent les satisfaire grosso modo. Il reste que, en toute hypothèse, ces interfaces devront être harmonisés avec ce qui résultera du projet STEP en cours d'étude à l'ISO. Projet qui a pour objet de réaliser la description de la totalité des données liées à un produit pendant toute la durée de son cycle de vie.

Les modalités de l'EDI devront aussi s'adapter dans un avenir qui sera sans doute assez proche à la mise en œuvre des techniques de virtualisation. Celles-ci rendront possible la transmission à distance d'une très grande variété d'images de synthèse ; mais elles risquent de soulever des problèmes de langage d'une grande complexité.

V

ASSURANCE QUALITE ET QUALITE TOTALE

La politique de la qualité pratiquée en France avec le soutien des Pouvoirs Publics comporte deux volets. Le premier s'adresse aux producteurs de biens et services destinés à la consommation finale. La certification de la qualité des produits impose à leurs fabricants des obligations de conformité à certaines caractéristiques ayant fait l'objet d'une homologation. Ce qui crée des obligations de résultat. Le second volet concerne les producteurs de biens ou de services destinés à d'un autre entrepreneur et lui permettant de satisfaire des besoins nés de sa propre activité. L'objectif affiché est alors de faire en sorte que, le producteur puisse garantir la réalisation des conditions prévues par l'une des normes ISO sur l'assurance qualité.[11] Il s'agit donc, dans ce cas de figure, d'une obligation de moyens. L'assurance qualité garantit la mise en œuvre d'un ensemble de moyens et procédures concourant à la bonne exécution des tâches faisant l'objet de la certification. Etant observé que la garantie ne porte pas sur l'aptitude technique du producteur mais sur son aptitude organisationnelle.

L'institution d'une procédure de certification d'entreprise par un organisme tiers, gérée par l'Association Française pour l'Assurance de la Qualité (AFAQ), n'est elle-même qu'une étape dans le déroulement d'un processus qui va au-delà des pratiques d'homologation. Certes, le but initial était bien de rendre plus supportable le déroulement de ces procédures pour des entreprises soumises aux audits successifs de plusieurs clients formulant parfois des exigences difficiles à concilier. Audits dont la réalisation était pourtant un préalable indispensable à l'allègement des contrôles de réception et à l'élévation du critère « qualité » au même niveau que les critères « prix » et « délais » utilisés pour le choix des fournisseurs. Mais il importe de considérer que la notion d'assurance qualité a été entendue dans un sens de plus en plus extensif par les constructeurs de véhicules automobiles ; l'actuelle procédure « Assurance Qualité Fabrication » commune à RENAULT et

---

[11] L'International Standard Organization (ISO) a édicté trois normes définissant des niveaux d'assurance qualité : l'ISO 9001 (conception développement de la production, installation et soutien après la vente), l'ISO 9002 (production et installation), l'ISO 9003 (contrôle final et essais).

OSA comporte en effet des dispositions qui ne visent plus seulement la gestion de la qualité proprement dite mais tendent aussi à organiser la maîtrise des flux et donc à permettre la gestion en Juste-à-temps. D'autre part, et surtout, l'accent est mis maintenant sur le caractère à éducateur de la procédure d'accès à la certification en tant que moyen d'apprentissage des méthodes de gestion fondées sur le concept de QUALITÉ TOTALE. On peut même prévoir que, dans un avenir proche, l'ensemble s'inscrira dans un système relationnel assurant l'optimisation de l'emploi de l'outil de production par recours à des technologies accroissant considérablement les capacités de traitement informatique.

I - *LES EXTENSIONS SUCCESSIVES DE LA PRATIQUE DE L'ASSURANCE QUALITÉ*

La clé du concept d'assurance qualité est la vérification par une personne habilitée à cet effet et censée posséder une réelle indépendance de jugement de la conformité du système examiné à un référentiel déterminé. Ce référentiel doit être pertinent par rapport aux objectifs de l'entreprise voulant obtenir cette garantie de conformité et aux normes dont elle accepte éventuellement la validité en se réservant la possibilité de formuler sur certains points des exigences supplémentaires ou plus rigoureuses. L'audit du système peut être réalisé par le client dans le cadre d'une procédure d'agrément ou d'homologation qui lui soit propre. Il peut l'être aussi dans le cadre d'une procédure de certification gérée par un organisme tiers.

Certaines industries soumises pour leurs productions à des exigences de sécurité extrêmement strictes jouèrent à l'origine un très grand rôle dans l'élaboration des outils de gestion de la qualité. Ce fut le cas en particulier de la construction aéronautique et du nucléaire. Les autres industries adoptèrent progressivement des méthodes d'audit telles que l'assurance qualité devienne une condition préalable à l'agrément de fournisseurs permanents de produits spécifiques. Elles stipulèrent que les entreprises bénéficiaires seraient soumises régulièrement à des audits de suivi et pourraient se voir retirer leurs agréments en cas de non-respect des dispositions incluses en conformité du contenu du cahier des charges ou d'une norme ISO.

En matière de normalisation, le dispositif actuel est le résultat des travaux entrepris à la fin des années 1970 qui ont abouti à la publication d'un ensemble de normes, ayant déjà subi un certain nombre d'améliorations qui constituent la série ISO 9000 à 9000.[12]

Le début des années 1980 fut marqué par la mise en place par les constructeurs automobiles français de méthodes de gestion de la qualité qui s'inspiraient fortement des pratiques japonaises. L'exemple japonais les avait convaincus, en effet, qu'il n'était plus possible d'apprécier le niveau de qualité d'une fabrication déterminée en s'en tenant au nombre de pièces refusées lors des contrôles de réception et à la constatation ultérieure de vices non apparents. Il était devenu évident que le coût de la non qualité pesait trop lourdement sur les prix français. Il apparaissait également qu'une gestion systématique et cohérente de la qualité conditionnait l'allongement de la durée des garanties offertes à la clientèle. Or la durée plus longue de ces garanties constituait précisément l'un des meilleurs arguments de vente de la concurrence japonaise.

L'introduction et la mise en application de cette nouvelle manière de gérer la qualité dans les petites et moyennes industries se révéla toutefois assez laborieuse. Dans un premier temps, il fallut vaincre les résistances psychologiques de chefs d'entreprises qui, faisant preuve d'un humour trop facile, avaient tendance à proclamer qu'ils faisaient de la qualité de la même façon que Monsieur JOURDAIN faisait de la prose. Certains estimèrent que l'emploi de méthodes aussi sophistiquées ne pouvait être qu'un luxe, voire un gadget, destiné seulement aux grandes entreprises. D'autres, ou les mêmes, mirent en doute la rentabilité de l'investissement. Etait-il de nature à leur procurer une clientèle supplémentaire ? Dans quelle mesure entrait-il en ligne de compte dans le comportement de leur clientèle habituelle ? A quoi bon si, pour cette clientèle, l'argument « prix » restait déterminant ? Il faut donc rendre hommage à l'effort accompli par l'Association Française pour le contrôle industriel de la qualité (AFCIQ) et les autres organisations qui ont œuvré pour dénoncer le coût de la non qualité qui représentait souvent plus de 10 % de la valeur ajoutée par les entreprises données en exemple. Mais le changement d'attitude vis-à-vis du problème de la non qualité fut surtout provoqué par la généralisation des procédures d'audit

---

12 L'ISO 9000 précise ce qu'est le contenu de l'ensemble de la série ; des ISO 9001, 9002 et 9003, dont l'objet a été indiqué précédemment ont valeur opérationnelle. L'ISO 9004 définit les lignes directrices des systèmes d'assurance qualité. Il existe aussi une norme 10000 qui porte sur les outils de l'assurance de la qualité et une norme 8402 qui traite de la terminologie.

réalisées pour le compte des donneurs d'ordres. Il se créa une véritable interaction entre le développement de l'assurance qualité et celui du partenariat, l'un conditionnant l'autre.

Dans un premier temps, cette généralisation des pratiques d'audit eut pour effet d'aggraver les difficultés rencontrées par les sous-traitants lorsqu'ils avaient affaire à des auditeurs n'ayant pas forcément la même interprétation des normes ISO ou formulant chacun des exigences spécifiques plus ou moins faciles à concilier avec celles qui étaient manifestées par leurs confrères. En outre, plus le nombre des audits subis par une même entreprise augmentait, plus leur succession dans le temps alourdissait à l'excès ses charges de fonctionnement. En dépit des mesures prises dans certains secteurs, notamment dans la construction automobile, pour atténuer ces inconvénients, les organisations professionnelles représentant des industries de sous-traitance ne cessèrent à partir de 1975 de mener campagne en faveur de l'institution d'un système certification dispensant leurs adhérents d'accomplir plusieurs fois en une seule année ce qui méritait d'être considéré comme un parcours du combattant selon leur propre expression. Les surcoûts étaient effectivement considérables. En 1990, une étude réalisée à la demande de la Commission des Communautés Européennes évaluait le coût moyen d'une procédure préalable à un agrément à 4 355 Ecus, soit 28 000 Frs environ, le coût des audits de suivi effectués ultérieurement était lui-même de 3 082 Ecus. Mais, en considérant qu'un sous-traitant subissait en moyenne, dans l'hypothèse retenue 3 audits d'agrément et 4,65 de suivi, le coût total se montait à 26 478 Ecus, soit 15 000 Frs en chiffres arrondis. Cette étude évaluait la durée totale de ces audits à 99,2 jours/homme. Pour approximatives qu'elles soient, ces indications permettent de mesurer l'intérêt qui s'attache à une certification par organisme tiers si elle contribue effectivement à réduire le coût et la durée des audits particuliers.

II - *LA CERTIFICATION AFAQ, UNE REUSSITE INCONTESTABLE*

L'Association Française pour l'Assurance de la Qualité a été fondée le 30 juin 1988. C'est un organisme indépendant à but non lucratif. Elle a pour objet la certification par tierce partie du système qualité des entreprises en conformité avec les normes de la série ISO 9000. Dans sa composition, elle rassemble, outre l'AFNOR et le Mouvement Français pour la Qualité (MFQ), un certain nombre de grands acheteurs, les représentants des professions les plus concernées, une série d'organismes techniques. La gestion de l'AFAQ est assurée par un secrétaire général choisi en raison de sa compétence et de son indépendance. L'encadré présenté à la page suivante décrit sans ses grandes lignes le déroulement de la procédure. Dans celle-ci, des comités sectoriels jouent un rôle considérable dans la phase préliminaire qui comporte un premier examen des demandes formulées par des entreprises dont le métier relève de leurs compétences et donne lieu à la désignation des auditeurs. Ils ont un rôle encore plus important dans la phase finale où leur sont confiés l'examen du dossier et la décision de délivrer le certificat.

A la fin de l'année 1995, le bilan que l'AFAQ était en mesure de présenter pouvait être tenu pour très positif tant en ce qui concerne le nombre de certificats délivrés que celui des dossiers en cours d'instruction. Olivier PEYRAT, son Secrétaire Général et Lionel BERNY estimaient même que plus de 10 000 entreprises étaient directement concernées, les unes étant déjà certifiées, les autres en étant à des degrés divers de la démarche préalable à la certification[13]. Parmi les entreprises certifiées, les trois-quarts comptaient moins de 3 000 salariés et 6 % seulement plus de 800 salariés. De tels chiffres sont d'autant plussignificatifs que, si l'économie française compte plus de 25 000 PMI, elle comprend une proportion importante de producteurs de biens de consommation qui n'ont pas autant d'intérêt à une certification AFAQ que les producteurs de biens intermédiaires.

Parmi les certificats délivrés, un sur cinq se réfère à l'ISO 9001, les trois quarts à l'ISO 9002,5 % seulement à l'ISO 9003. A cet égard, on peut estimer que de nombreuses PME non encore certifiées auraient intérêt à se contenter dans un premier temps d'obtenir la certification ISO 9003 qui devrait leur suffire pour remplir leurs obligations vis-à-vis de leurs clients. C'est, en particulier, l'avis exprimé par Didier LOMBARD, Directeur Général de l'Industrie, dans un entretien publié par les Cahiers Industrie de décembre-janvier 1995.

---

13 Dans un texte publié par la Revue Française de Gestion-N° de novembre-décembre 1995. Pages 99 à 104.

Sur un autre plan, l'action de l'AFAQ est assurément méritoire. Cet organisme a réussi, en effet, à déjouer les pièges du corporatisme tout en évitant de succomber à la tentation de la facilité. La procédure actuelle donne aux entreprises auditées des garanties sérieuses d'objectivité. En témoignant la composition des comités sectoriels, les modalités de choix et de contrôle de l'activité des auditeurs, le droit de réponse reconnu aux entreprises, l'existence d'un comité d'appel. De ce fait, la certification ne se limite pas à la reconnaissance de l'existence formelle d'un système d'assurance qualité sur la base des déclarations du demandeur. Ce qui permettrait d'éluder les problèmes de fonds soulevés par le constat d'une conformité réelle à une norme ISO. L'approche suivie par l'AFAQ tend, au contraire, à fournir aux clients de l'entreprise auditée une évaluation fiable et régulièrement mise à jour. Ils peuvent ainsi avoir confirmation de l'aptitude réelle de cette entreprise à répondre à la majorité de leurs exigences sans qu'ils aient besoin de reprendre en détail dans leurs propres audits les points déjà traités. Ce comportement tranche avec celui d'un certain nombre d'organismes étrangers dont les certificats n'ont guère plus qu'une valeur publicitaire. Leurs pratiques ont incité l'AFAQ à faire preuve de prudence dans la politique suivie en matière d'harmonisation

---

DEROULEMENT DE LA PROCEDURE DE CERTIFICATION[a]

1 – l'entreprise écrit au secrétariat général

2 – l'entreprise reçoit un questionnaire d'identification et des documents d'information sur l'AFAQ

3 – l'entreprise répond à ce questionnaire et le renvoie au secrétariat général

Facultatif : réalisation d'une visite d'évaluation et rapport succinct

4 – le comité dresse à l'entreprise un CONTRAT, toutes précisions concernant le guide de référence applicable et le questionnaire préliminaire

a. Selon une plaquette AFAQ intitulée : « Le certificat AFAQ : l'assurance de la qualité »

Le comité lui demande des informations sur son système qualité (exemples : Manuel qualité, procédures)

5 – le comité examine l'ensemble des documents remis par l'entreprise

6 – réalisation de l'audit

7 – envoi du rapport d'audit à l'entreprise

8 – réponse de l'entreprise

9 – le cas échéant, réalisation d'un audit complémentaire

10 – examen du dossier de certification par le comité

11 – délivrance du certificat (validité : 3 ans)

12 – visite périodique de surveillance

13 – renouvellement du certificat

DEVELOPPEMENT DE LA CERTIFICATION D'ENTREPRISE DANS LES INDUSTRIES DE SOUS-TRAITANCE

Informations données dans la note du SESSI N° 65 de mai 1996 relative aux résultats de l'enquête sur les relations industrielles :

« *La procédure de certification assure au donneur de travaux la qualité des prestations de son partenaire. Elle constitue désormais une voie largement obligée de la sous-traitance partenariale. Au total, en 1994, 27 % des preneurs de travaux sont certifiés dont 4 % selon la norme ISO 9001, (qualité du produit de la conception à l'après-vente), 10 % selon la norme ISO 9002 (opérations de production et d'installation), 0,7 % selon la norme ISO 9003 (contrôle des produits en sortie d'usine). 13 % selon des normes spécifiques aux activités ou à un seul client important. De plus, près de 30 % des entreprises déclarent avoir engagé une procédure de certification et dans 21 % des cas la procédure de certification a été engagée à la demande des donneurs d'ordres.* »

> **COMMENTAIRE** : *Ces indications confirment en premier lieu la faible utilisation de la certification ISO 9003 dont les donneurs d'ordres se satisfont rarement. En revanche, près du tiers des certifiés ISO le sont en ISO 9003. Ce qui traduit bien la tendance des preneurs d'ordres à s'investir davantage dans la conception des ouvrages qu'ils ont à réaliser. Enfin, on peut s'interroger sur la nature des normes que la note du SESSI qualifie de spécifiques. Il faut sans doute classer dans cette catégorie les certifications « Assurance-Qualité-Fabrication » de l'industrie automobile. Mais cette catégorie comprend-elle les certificats RAQ et d'autres types de certificats qui portent sur des produits ou familles de produits et non sur des entreprises ? des procédures et de reconnaissance mutuelle des certificats délivrés par des organismes et nationalités différentes. L'AFAQ n'en a pas moins conclu une série d'accords de réciprocité mais seulement après avoir procédé à des audits lui permettant de s'assurer de la crédibilité de ses partenaires.*

Dans ces conditions, que faut-il penser des critiques dont l'AFAQ a fait l'objet ? Critiques qui portent aussi bien sur la manière dont elle a exercé son rôle de catalyseur dans la promotion des systèmes d'assurance qualité que dans la gestion même de la procédure de certification.

A tort ou à raison, c'est souvent la philosophie de l'assurance qualité qui est visée à travers l'AFAQ. Ses détracteurs lui reprochent la rigidité de ses principes, la multiplicité des contraintes et la lourdeur des procédures qu'elle institue. Par une prise en compte insuffisante des exigences techniques et des besoins de fonctionnement spécifiques des entreprises auditées, les audits seraient sources de déviances, de dysfonctionnements et de surcoûts. Les responsables de l'AFAQ s'élèvent vivement contre ces accusations de sclérose. Ainsi que l'écrivent Olivier PEYRAT et Lionel BERNY dans le texte déjà cité, il n'est nullement « déraisonnable de vérifier la bonne compréhension des exigences du client, la conformité des approvisionnements aux caractéristiques nécessaires, de maîtriser les process et les produits non conformes, disposer de moyens de mesure, contrôle et essais fiables, affecter aux diverses responsabilités des personnels aptes à les assurer. Et de démontrer à ses clients que tout cela est voulu et obtenu. » Mais le même texte admet qu'il puisse exister des effets pervers et souligne

« qu'il ne faut pas confondre l'outil ISO 9000 et ce qu'arrivent à en faire, ou pas, ceux qui l'utilisent. » Toujours selon ce texte, on peut observer, exemples à l'appui que la plupart des entreprises allègent leurs manuels qualité une fois la certification obtenue. Mais il y a lieu néanmoins de mettre en garde contre l'imposition par certains experts de manuels qualité standard dont l'existence dispenserait les dirigeants et les personnels des entreprises utilisatrices de se livrer à une analyse approfondie de leurs modes de fonctionnement. Quant au reproche de déqualification, la réponse est qu'il est mal fondé car l'assurance qualité implique au contraire une démarche méthodologique imposant le recensement et la mise en forme écrite des connaissances et des savoir-faire qui nécessite la mobilisation et l'adhésion du personnel.

Un autre reproche formulé à l'encontre de la certification AFAQ concerne en fait la gestion de la qualité en tant que telle qui ne garantirait en rien la qualité des produits. Il est incontestable que la gestion de la qualité ne protège pas contre les erreurs de conception ou l'emploi de procédés inadaptés qui peuvent entraîner la réalisation de produits médiocres, dépassés ou trop chers. Mais l'objet direct des ISO 9000 n'est pas de garantir ipso facto un niveau déterminé de performance des produits. Il est de démontrer aux clients que le fournisseur certifié a défini et applique une organisation propre à satisfaire le mieux possible leurs exigences. Sous réserve bien évidemment du respect des règles de l'art et dans une optique de progrès permanent. Le recours aux méthodes de l'analyse de la valeur peut, en outre, dans une mesure considérable faciliter la jonction entre ce qui relève de la gestion de la qualité et ce qui entre dans le cadre de la recherche de la performance.

La création d'un système d'assurance qualité et l'engagement d'une procédure de certification sont des investissements dont le coût varie avec l'importance de l'entreprise, la nature de ses activités et son degré de préparation. C'est un coût qui peut paraître relativement élevé, surtout si l'entreprise est de taille modeste. En 1994, pour une entreprise de 50 salariés, il fallait compter en moyenne 700 000 Frs de coûts internes (temps passé par le personnel, établissement de documents, frais de recherche divers). Le prix de l'audit AFAQ variait entre 35 000 et 100 000 Frs[14]. Le coût total représenterait en pareil cas 0,8 % du chiffre

---

14 Estimations figurant dans les Cahiers Industrie de décembre-janvier 1995.

d'affaires. Cette estimation semble cohérente avec celle qui figure dans le texte de Mrs PEYRAT et BERNY qui fait mention d'une fourchette correspondant à 0,5/1 %.

Une fois la certification obtenue, en période de croisière les frais qui comprennent notamment le coût d'un responsable qualité dépassent rarement 0,4 % du chiffre d'affaires. Mais il s'agit évidemment de coûts bruts qui peuvent être réduits sensiblement si l'entreprise fait usage de la possibilité offerte aux PME d'obtenir des aides financières à des titres divers et de bénéficier de certaines actions de sensibilisation ou de formations collectives menées le plus souvent par des chambres de commerce ou des organisations professionnelles.

La rentabilité de l'investissement ainsi réalisé dépend en premier lieu du caractère pertinent des mesures prises pour réduire le coût de la non qualité. Son abaissement peut représenter plusieurs points du chiffre d'affaires. Simultanément, l'entreprise est amenée à se doter d'une organisation plus fonctionnelle. La rentabilité de l'opération est d'autant plus élevée que l'adhésion du personnel est plus totale. Il faut donc faire en sorte que les dispositions prises à l'issue de la procédure AFAQ soient perçues comme des sources de progrès et non pas comme de nouvelles contraintes qui se superposeraient plus ou moins à celles qui existaient antérieurement. A défaut, le personnel estimerait qu'on lui impose seulement une nouvelle forme de taylorisme.

La diminution des charges engendrées par la multiplicité des audits des donneurs d'ordres a constitué à l'origine le principal invoqué en faveur de la création d'un organisme national certificateur. Celui-ci se verrait confier, en effet, l'appréciation des prescriptions faisant partie d'un tronc commun. Les auditeurs des entreprises clientes n'auraient donc qu'à prendre connaissance du rapport préalable à la certification pour s'assurer que l'entreprise auditée se conforme bien à la norme ISO sur les points considérés. Leurs propres investigations porteraient sur les points ne faisant pas partie de ce tronc commun correspondant à des préoccupations ou des exigences spécifiques du donneur d'ordres.

Force est de constater que l'AFAQ, à l'heure actuelle, n'a pas encore atteint pleinement cet objectif d'allégement mais il semble que la situation est appelée à s'améliorer rapidement. Dans un premier temps, en effet, la certification AFAQ n'a pas été prise en compte par la construction automobile et par la construction aéronautique pour le choix des fournisseurs directs et la mise en œuvre par les entreprises choisies de l'assurance qualité. Aujourd'hui encore, la construction aéronautique maintient cette position négative en faisant état d'exigences de sécurité qui n'autorisent aucune délégation à un organisme tiers des responsabilités qui en découlent. Les constructeurs d'engins spatiaux ont la même attitude invoquant les conséquences catastrophiques dont tout défaut de fabrication ou toute erreur de montage peuvent être la cause. Dans l'industrie automobile, les deux principaux constructeurs français ont conçu un système AQF (Assurance Qualité Fabrication) dont les exigences sont à certains égards plus sévères que celles des normes AFNOR. En outre, ce système se donne aussi pour objectif d'assurer la maîtrise des flux et comporte à ce titre toute une série de prescriptions spécifiques. Mais il s'est trouvé surtout que ces constructeurs viennent seulement d'assouplir une conception qui leur interdisait de confier, même partiellement, l'audit de leurs fournisseurs directs à d'autres intervenants que leurs propres auditeurs. Ils considéraient, en effet, que ces audits devaient être effectués exactement dans les mêmes conditions et avec les mêmes garanties que les audits portant sur des fabrications réalisées en interne. De manière à être absolument sûrs d'atteindre dans les deux cas le même niveau de qualité. Ils tenaient aussi à faire de l'audit fournisseur un moyen de connaître parfaitement les conditions de fonctionnement, les caractéristiques les plus intimes et, pour tout dire, les forces et les faiblesses des entreprises auxquelles ils accordaient le statut de partenaire. Ces constructeurs acceptaient néanmoins de faire bénéficier d'un préjugé favorable les entreprises déjà certifiées au niveau de l'AFAQ qui souhaitaient devenir fournisseurs AQF. Ils admettaient aussi que la certification AFAQ pouvait constituer une garantie suffisante pour les fournisseurs de second niveau assurant l'approvisionnement de leurs partenaires directs.

Un pas en avant très important a donc été effectué au début de l'année 1996 puisque les constructeurs français acceptent désormais de prendre en compte les constats effectués dans le cadre de la procédure AFAQ préalable à une certification ISO 9000, le référentiel complémentaire propre à la procédure AFQ restant, ce qui va de soi, de la compétence de leurs auditeurs. Toutefois, la portée de ces dispositions sera certainement limitée par le fait que les services qualités des constructeurs examineront très attentivement les rapports d'audit effectués pour le compte de l'AFAQ et ne manqueront pas d'approfondir les points sur lesquels ils n'auraient pas entièrement satisfaction.

Enfin, il faut mettre au crédit de la certification AFAQ un troisième élément positif constitué par sa valeur de référence en France et à l'exportation. Cette reconnaissance de qualification renforce dans une mesure appréciable la crédibilité de la firme qui peut en faire état sur ses documents, la signaler dans ses annonces, la mettre en évidence dans les expositions où elle présente son savoir-faire. Ce facteur de crédibilité devrait rester influent même si l'on assiste à un phénomène de banalisation dû à l'accroissement constant du nombre des bénéficiaires. Mais, a contrario, ce phénomène pourrait jouer à l'encontre de l'entreprise non certifiée qui ne pourrait faire état de ce brevet d'honorabilité.

Il reste que, plus une entreprise est petite, plus elle peut éprouver des difficultés pour accéder à une certification ISO 9000. Non seulement pour des raisons de coût mais peut-être encore plus par manque de préparation à des efforts qui exigent une certaine capacité d'abstraction et absence de structures appropriées. Difficultés aggravées par le fait que les petits « chantiers » offrent peu d'intérêt pour les qualiticiens expérimentés. A notre avis, la mise au point d'une procédure de certification allégée se référant à une norme ISO simplifiée ne saurait constituer un bon remède. Les normes actuelles sont des ensembles cohérents. Il serait peu judicieux de leur porter atteinte. Une fois la démarche engagée, il est certainement préférable de la mener à son terme plutôt que de s'arrêter à mi-chemin. D'autant plus qu'une certification de deuxième zone n'aurait qu'une valeur de crédibilité très faible et n'améliorerait certainement pas la position concurrentielle de ses bénéficiaires. C'est la raison pour laquelle nous pensons que la démarche la plus réaliste consisterait à organiser une progression par étapes. En commençant par la fourniture d'une information de base aux nouveaux entrepreneurs. Information qui pourrait être apportée aux artisans dans le cadre de l'initiation aux méthodes de gestion préalable à leur inscription au Registre des Métiers et/ou celui de leur préparation au brevet de maîtrise. Seules devraient être énoncées les définitions et les règles de base à respecter en matière de gestion de la qualité, des indications étant données sur l'objet et les modalités des procédures de certification. Sous réserve des modifications du dispositif de certification liées à une unification éventuelle des normes ISO, la seconde étape pourrait consister dans l'engagement d'une procédure ISO 9003, la plus simple et la moins coûteuse puisqu'elle porte seulement sur l'usage des moyens de contrôle et d'essai. L'appétit venant en mangeant, l'accès à une certification plus complète pourrait alors devenir un objectif réaliste susceptible d'être atteint dans une troisième étape.

VI

LES CONTRAINTES LIEES AU FONCTIONNEMENT EN FLUX TENDUS

Le développement en Europe Occidentale des méthodes de production et de livraison en flux tendus, plus communément qualifiées de « Juste-à-temps », s'est inspiré très directement de modèles japonais, en particulier de celui fourni par TOYOTA dans le domaine de la construction automobile. L'emploi de ces méthodes a fortement contribué à la remise en cause du système fordien et à l'adoption d'un nouveau système dont trois experts du MIT ont prédit qu'il allait changer le monde dans un ouvrage publié aux éditions Dunod en 1992[15]. L'application de telles méthodes exigeait en effet que l'assemblage final ne porte plus que sur un nombre restreint d'organes ou de sous-ensembles entièrement équipés et prêts au montage. Ce fut l'une des raisons qui incitèrent le plus les constructeurs d'automobiles et d'autres producteurs de biens durables à s'engager dans des politiques de partenariat tout en se montrant de plus en plus intraitables en matière d'assurance qualité.

L'objet des méthodes de Juste-à-temps a lui-même évolué. Il ne se limite plus à l'objectif un peu simpliste baptisé « Zéro stock » qui a permis à certains mauvais esprits de prétendre que le Juste-à-temps n'était rien d'autre que l'art de faire gérer ses stocks par les autres. On observe tout d'abord une certaine adaptation aux caractéristiques des secteurs en cause. Dans une large mesure, le Juste-à-temps s'inscrit désormais dans le cadre de politiques globales d'approvisionnement dont les implications territoriales et les répercussions sociales méritent des analyses approfondies. D'autant plus que le concept de « Qualité totale est sous-jacent dans toutes les dispositions prises pour assurer sans incidents le bon fonctionnement du Juste-à-temps.

---

15 WOMACK James P, JONES Daniel T, ROOS Daniel : « Le système qui va changer le monde ». Dunod 1992.

LES TRAVAUX DU CENTRE D'ETUDES DE L'EMPLOI RELATIFS AU JUSTE A TEMPS

Armel GORJEU et René MATHIEU :

1991 – « *Les pratiques de livraison en Juste-à-temps en France entre fournisseurs et constructeurs automobiles* ». Dossier du Centre d'Etudes de l'Emploi N° 41

Septembre 1993 – « *Les fournisseurs de l'industrie : nouveaux impératifs, nouvelles localisations* ». Lettre d'information du CEE N° 29

Novembre 1994 : « *Les processus de recrutement dans le cadre d'organisations Juste-à-temps.* » Rapport pour le Commissariat Général du Plan. Document de travail du CEE 94/14

1995 – « *Stratégies d'approvisionnement des grandes firmes et livraisons Juste-à-temps : quel impact social ?* » – Espace géographique N° 3 pages 245 à 249.

Février 1995 – « *Nouvelles usines ; nouvelles gestion des emplois* » Lettre N° 36 du CEE. Thème également abordé dans : « *Les ambiguités de la proximité – les nouveaux établissements d'équipement de la construction automobile.* » – Actes de la recherche en sciences sociales – N° 114 septembre 1996.

1996 – « *Le partenariat entre constructeurs automobiles et équipementiers : les frontières de la firme ?* » tiré d'un ouvrage collectif : « *L'entreprise : lieu de nouveaux contrats ?* » (L'HARMATTAN)

Mais nous devons effectuer pour commencer un rappel rapide des principes qui caractérisent les diverses méthodes reprises sous le vocable de Juste-à-temps :

– *La livraison en synchrone* en est assurément la forme la plus achevée. Elle doit permettre à l'ensemblier de recevoir le composant adapté dans l'ordre où il va procéder lui-même aux opérations de montage ou d'assemblage, chaque production réalisée dans cette phase finale ayant son identité propre. La synchronisation implique, par voie de conséquence, la réalisation d'une opération préalable d'encyclage exécutée soit par le fournisseur, soit par le transporteur chargé d'effectuer la livraison. La production peut être elle-même réalisée en synchrone ; dans le cas contraire, elle nécessite la constitution d'un stock réduit au minimum pour faire face aux besoins exprimés par l'aval de telle sorte que ceux-ci puissent être satisfaits immédiatement. En principe, ce flux continu doit rendre inutile tout stockage chez le donneur d'ordres, les composants étant livrés au pied des chaînes et montés sitôt qu'ils parviennent à destination. Condition plus aisément réalisée en cas de proximité d'une implantation du fournisseur par rapport au lieu d'assemblage. Cette implantation peut consister, soit dans un mini-centre de stockage, soit dans l'atelier de sous-assemblage lui-même. L'emploi par les deux parties d'un système EDI facilite considérablement cette synchronisation. En fait, les astreintes et les coûts liés au fonctionnement de l'EDI sont tels que celui-ci est par excellence, sous sa forme synchrone, l'apanage de l'industrie automobile où il se justifie pour des éléments encombrants demandant à être produits en grande variété.

– Le KANBAN doit sa célébrité au fait qu'il fut le premier système mis au point et développé par TOYOTA. Il est encore à l'heure actuelle le mode de production le plus répandu pour les productions à cadence rapide, avec application de ses règles initiales ou sous certaines formes de variantes telles que le RECOR (Remplacement d'encours basé sur la consommation réelle). Il se caractérise par l'utilisation, en interne comme en externe, de bacs ou de boîtes revêtues d'étiquettes (en japonais KANBAN) mentionnant les commandes passées par le client. Chaque bac ou chaque boîte doit être rempli à nouveau ou recomplété lors du retour chez le fournisseur en fonction des besoins signalés par le stade aval.

– Le SPARTE, « Système de programmation des approvisionnements rationalisé par une technique économique », est utilisé notamment par l'usine Citroën de RENNES. Il s'agit d'un système d'appel par anticipation moins contraignant que le synchrone. S'il exige, lui aussi, un grand nombre de rotations, il autorise la constitution de stocks suffisant pour satisfaire sans délai la demande. Le rythme de la consommation généralement rapide, détermine l'importance et le rythme et le renouvellement de ce stock.

– Pour les productions de moyenne série, (électronique, par exemple) ou réalisées à l'unité, le Juste-à-temps se limite à la satisfaction très rapide des appels de l'aval avec fréquence des livraisons en conséquence. Il en résulte des contraintes de localisation moins rigoureuses et répondant à d'autres considérations. (Cf. Infra IV)

I – *JUSTE A TEMPS ET PARTENARIAT*

Le Juste-à-temps s'intègre désormais dans des politiques plus globale axées vers l'économie de temps et vers l'économie de moyens. Il procède de la même logique qui impose une recherche systématique de la réduction des délais nécessités pour la conception d'un nouveau modèle de véhicule. En même temps, il contribue à économiser l'espace en réduisant les besoins d'aires de stockage ou en les supprimant. En interne comme en externe, il exerce une pression extrêmement efficace en faveur du respect des normes d'assurance qualité. Il conditionne dans une large mesure la conduite des recentrages sur des métiers de base menés par les grands groupes en rendant moins aléatoire et moins coûteuse l'externalisation des activités manufacturières dont l'intégration ne paraît plus indispensable. Le Juste-à-temps joue donc un rôle de première importance dans l'évolution qui tend à faire des constructeurs automobiles et aéronautiques les gestionnaires d'entreprises de « cols blancs » où la main d'œuvre travaillant sur les chaînes d'assemblage final ne présente plus qu'un caractère résiduel.

Il semble toutefois que le concept de Juste-à-temps connaît certaines limites d'application dont les spécialistes les plus avertis commencent maintenant à prendre conscience. Ces limites, tiennent pour une bonne part à la fragilité des systèmes les plus performants et, en particulier, du synchrone. Tout dérèglement, tout incident de parcours peut avoir, en effet, des conséquences très graves. On assiste donc à la reconstitution progressive de légers stocks tampons pour des raisons de sécurité. Ces stocks sont gérés, soit par l'ensemblier récepteur, soit par le fournisseur s'il dispose d'une implantation proche du lieu de l'assemblage.

II – *LE TRANSPORTEUR, TROISIEME PARTENAIRE*

Alors que le transport a été longtemps traité comme une activité subalterne, son rôle est devenu primordial dans une organisation en Juste-à-temps. Non seulement parce qu'il est par lui-même source de valeur ajoutée dans la mesure où la valeur du produit livré au pied des chaînes est supérieure à celle du produit départ atelier du fournisseur.

Mais, plus encore, parce que le service « Transport » a une valeur intrinsèque qui est fonction de sa rapidité et de sa régularité dont l'importance tend à devenir considérable dans le cas d'un système Juste-à-temps à rotations fréquentes. Une valeur qui s'accroît encore si, les livraisons devant se faire en synchrone, le transporteur assume lui-même l'encyclage au départ de l'atelier et le déchargement dans l'ordre prévu dans l'enceinte de l'établissement récepteur. Cette valorisation du transport a fait l'objet d'une analyse très pertinente dans l'ouvrage de Muriel BELLIVIER précité (pages 165 et suivantes).

Dès lors, il n'est pas surprenant qu'un transporteur indépendant, capable de souscrire dans son domaine des engagements qui peuvent être considérés comme une véritable assurance qualité, bénéficie d'un statut de partenaire dans le cadre d'un contrat à long terme.

Il reste que la très grande fréquence des livraisons par petits lots constitue un facteur d'accroissement de la circulation routière dont le coût mis à la charge de la collectivité mérite certainement d'être considéré comme excessif puisqu'il faut ajouter aux pollutions supplémentaires engendrées, le coût des dégradations subies par les infrastructures et surtout celui des accidents dûs au surmenage et aux imprudences des conducteurs de véhicules obligés de commettre des infractions à la réglementation en vigueur pour respecter à tout prix les délais qui leur sont imposés par leurs employeurs. Il est significatif à cet égard que la tendance actuelle soit au Japon d'espacer davantage les rotations. La pression exercée en ce sens par les pouvoirs publics japonais étant l'une des causes de cet espacement, l'autre étant la difficulté de recruter des conducteurs de nationalité japonaise pour exercer un métier peu considéré.

III – *L'ADAPTATION AUX CARACTERISTIQUES SECTORIELLES*

Comme il a été mentionné précédemment, c'est dans l'industrie automobile que la pratique de Juste-à-temps la plus ancienne et la plus répandue. Selon Armele GORJEU et René MATHIEU, la première expérience de flux synchrone a été réalisée en France en 1988 pour la livraison des sièges de la R 19 ; C'est aussi dans le domaine de la construction automobile que les contraintes de proximité pèsent le plus lourdement sur les choix de localisations des équipementiers tout en les obligeant à suivre leurs donneurs d'ordres dans leurs politiques d'implantation sur des marchés extra-européens.

Pour les constructeurs automobiles eux-mêmes, l'extension de la pratique du synchrone soulève de graves problèmes. Ne vont-ils pas au devant de sérieuses difficultés en favorisant l'édification d'usines « dédiées » par certains fournisseurs qui se situent dans l'environnement immédiat de leurs propres établissements ? Quid en cas de divorce ? Comment pourraient-ils éviter d'être rendus responsables des troubles économiques et sociaux qui en résulteraient ? D'un autre côté, le développement du synchrone ne peut que susciter de vices réactions de la part des constructeurs français si l'un de leurs fournisseurs d'équipements est menacé d'une prise de contrôle par un constructeur étranger concurrent ou même par un autre fournisseur qui ne serait pas persona grata. Réactions qui ont été des plus significatives dans le cas de VALEO.

Des problèmes tout aussi délicats se posent pour les fournisseurs qui livrent en synchrone. Doivent-ils produire eux-mêmes en synchrone au niveau du sous-assemblage soit dans l'établissement créé à proximité de l'établissement client, soit même sur un lieu plus éloigné ? La production en synchrone présente pour eux l'avantage de les dispenser de tout stockage puisqu'ils peuvent directement l'encyclage des équipements à livrer. Mais elle demande une maîtrise parfaite de la gestion de l'outil industriel et elle accentue la dépendance de l'usine ou de l'atelier dédié au client dans une mesure qui peut être jugée inacceptable.

Troisième et dernière série de problèmes. Est-il opportun d'étendre les pratiques de Juste-à-temps aux fournisseurs de second niveau, notamment aux producteurs de pièces primaires ? A l'heure actuelle, il semble que cette extension est en voie de généralisation pour les pièces à produire en séries importantes. Mais selon des formes qui dépendent de la nature des productions en cause, avec des exigences de fréquence moindre et, sauf exceptions, sans contraintes particulières de proximité.

En informatique, sauf pour des produits réalisés en très grandes séries, et en aéronautique, les pratiques de Juste-à-temps sont moins utilisées. Cela s'explique non seulement par le fait que les séries sont généralement plus courte mais aussi par d'autres raisons : irrégularité des plans de charge, valeur élevée des composants justifiant des frais de transports plus importants, recours fréquent à la co-traitance dans l'industrie aéronautique, existence de marchés fortement spéculatifs orientant les électroniciens et les informaticiens vers l'achat de produits standardisés dont le faible volume permet le stockage à des coûts modérés. Lorsque le Juste-à-temps est pratiqué, les buts recherchés sont de raccourcir des délais de livraison et d'obtenir une plus grande flexibilité des approvisionnements grâce à l'appel par l'aval.

Outre la construction automobile, le champ d'application du Juste-à-temps est donc constitué pour l'essentiel par diverses industries productrices de biens de consommation durables. L'intérêt des méthodes mises en œuvre augmente avec le volume et la diversité des variantes destinées au marché intérieur ou à l'exportation.

Le Juste-à-temps est également de pratique courante pour les produits nécessitant des réapprovisionnements rapides dans les magasins des grands distributeurs, surtout si les quantités à livrer sont très variables selon les jours ou les périodes de l'année. Exemple typique : les eaux minérales. L'analyse de ces pratiques sortirait du cadre de cet ouvrage, compte tenu du contexte commercial dans lequel elles se situent.

IV - *LES CONTRAINTES TERRITORIALES*

Dans le domaine de la construction automobile et, dans une moindre mesure, dans celui des autres industries concernées, le développement du Juste-à-temps est susceptible d'exercer une influence sur la localisation de tout ou partie des établissements des fournisseurs. Les contraintes de proximité, nous l'avons signalé, sont particulièrement fortes quand il s'agit de livraisons en synchrone effectuées par des fournisseurs d'équipements. Elles peuvent aussi exister, mais dans une moindre mesure pour des entreprises qui conservent au moins partiellement un statut de sous-traitant.

Les travaux les plus récents des collaborateurs du Centre d'Etudes de l'Emploi ont apporté d'intéressantes précisions sur les effets spatiaux de la livraison en flux synchrones. Le recours à cette pratique a entraîné la création par les établissements situés à proche distance des chaînes de montage des constructeurs automobiles mais non contigus par rapport à celles-ci. De tels établissements ont été édifiés en Bretagne, dans le Nord, en Haute Normandie, en Alsace et aux confins de l'Ile de France[16]. 16 groupes en ont créé 34 de 1988 à fin 1994. A cette date, ils occupaient environ 5 400 personnes en contrats à durée indéterminé. En raison du développement des activités de CITROEN à RENNES, la Bretagne a été la principale bénéficiaire de ces créations. Mérite aussi d'être signalée la « zone de sous-traitance rapprochée » créée à NANTES par les Chantiers de l'Atlantique en vue de disposer d'une masse de fournisseurs capables de fonctionner en Juste-à-temps, la construction des paquebots exigeant une coordination très stricte des interventions des différents corps de métier. Les nouvelles unités créées par des équipementiers automobiles se situent pour la plupart dans des zones rurales proches de zones urbaines mais « industriellement vierges » jusqu'à l'installation récente de l'usine de montage à approvisionner. Toutefois, la multiplication de ces implantations n'est pas forcément liée à la seule livraison en flux synchrones. D'autres formes de livraisons pluri-quotidiennes peuvent être mises en œuvre simultanément... La répartition dans l'espace des établissements des plus gros fournisseurs est souvent organisée de façon telle que les anciennes implantations se consacrent désormais, d'une part, à la production des composants primaires conservée en interne et, d'autre part, à l'exécution des tâches d'étude et d'industrialisation confiées dans le cadre de la configuration organisée pour répondre à la demande du ou des constructeurs clients. Les sous-ensembles sont réalisés dans des établissements proches des lieux de montage qui sont dédiés à un seul client ou, plus rarement appelés à desservir des usines appartenant à deux groupes différents. Dans ce second cas, les parcours à effectuer ne doivent pas dépasser quelques dizaines de kilomètres.

Par eux-mêmes, ces nouveaux établissements de proximité génèrent peu de nouvelles créations d'activités locales. En fait, les gros équipementiers s'attachent surtout à organiser à leur tour la réduction du nombre de leurs propres fournisseurs. Ils s'efforcent aussi d'internationaliser la provenance des composants en donnant autant que possible la préférence à des composants standards sur des composants fabriqués à la demande.

---

16 Le choix de la proximité qui caractérise les implantations françaises fait contraste avec celui de la continuité réalisé par l'intermédiaire de « cities » conçues par TOYOTA et par GENERAL MOTORS à la porte de leurs propres usines.

A l'heure actuelle, de nouvelles créations d'établissements de proximité sont en cours de réalisation... Toutefois deux de ces implantations sont situées en Franche Comté, donc dans une région anciennement industrialisées. Mais cette exception n'est qu'apparente car elles sont destinées desservir des usines Peugeot.

V - *JUSTE-A-TEMPS ET CONDITIONS D'EMPLOI DES SALARIES*

Les systèmes Juste-à-temps créent pour les personnels des établissements receveurs d'ordres des contraintes qui ne paraissent pas moins pénibles que celles dont les systèmes de production antérieurs portaient la responsabilité et peuvent être considérées comme étant à certains égards encore plus difficiles à supporter. Constat qui s'applique tout particulièrement aux systèmes impliquant une réactivité totale et immédiate aux appels de l'aval. Ce sont principalement des contraintes de disponibilité, de flexibilité et de fiabilité. Rien de plus significatif qu'une formule dont il est souvent fait usage : « Le travail doit être fait et livré quand il faut, là où il faut et exactement comme il faut. » Le personnel concerné doit satisfaire des obligations de polyvalence, d'aptitude au travail collectif, d'adaptation au changement et notamment aux innovations organisationnelles qui accompagnent généralement le passage à une nouvelle ligne de production[17].

En conséquence, le fonctionnement en Juste-à-temps est considéré comme particulièrement stressant par les médecins du travail et dénoncé vigoureusement par les organisations syndicales[18]. Celles-ci, il est vrai, sont faiblement représentées dans les nouveaux établissements de proximité. Aux stresses s'ajoutent l'irrégularité des horaires et parfois l'abus des heures supplémentaires succédant à des périodes creuses.

---

[17] Obligations sur lesquelles l'équipe GORJEU-MATHIEU a mis l'accent avec beaucoup d'insistance. Il se trouve, en effet, que les nouvelles implantations bénéficent du recrutement de travailleurs jeunes, généralement ouverts à l'idée de formation. L'encadrement en tire largement profit. Mais certains dirigeants ne paraissent pas résister à la tentation d'accroître leurs exigences sans offrir à leurs personnels des contreparties propres à maintenir leur motivation

[18] Cf. Les conditions de travail du « juste-à-temps » – Olivier PIOT (Le Monde 6 novembre 1996).

En outre, la contrainte de flexibilité est satisfaite habituellement au prix de l'embauche d'un nombre considérable de travailleurs intérimaires dont un faible pourcentage obtient finalement sa titularisation.

Dès lors, et cela n'a pas été souligné suffisamment par les medias, l'organisation de structures fonctionnant en Juste-à-temps se trouve au cœur des débats portant sur l'aménagement et la réduction des temps de travail. Elle rend particulièrement difficile la réalisation d'accords entre les partenaires sociaux dans les branches professionnelles les plus concernées alors que la diversité des modes de fonctionnement en Juste-à-temps s'oppose à l'intervention de mesures de portée générale. En particulier, les employeurs peuvent prétendre que la pénalisation des heures supplémentaires qui serait pourtant fort justifiée dans le contexte actuel, mettrait en danger nombre d'entreprises qui sont durement confrontées à la concurrence internationale et ne peuvent se maintenir sur leur marché que grâce à la flexibilité dont elles font preuve. Des mesures spécifiques seraient donc à prévoir, non seulement pour certains producteurs d'équipements mais aussi pour beaucoup de sous-traitants de niveaux moins élevés soumis, eux aussi à de fortes contraintes de flexibilité.

VI - *JUSTE A TEMPS ET MONDIALISATION DES ECHANGES*

La question semble se poser de savoir si, tout au moins dans certains cas, la possibilité d'assurer très rapidement la satisfaction de besoin très variables par des livraisons en Juste-à-temps peut apporter une protection géographique vis-à-vis de producteurs aux charges salariales nettement moins élevées. Nous essaierons, sans trop nous montrer trop catégorique, d'apporter certains éléments de réponse au chapitre XI où il est traité précisément des effets de cette mondialisation.

VII

SOUS-TRAITANCE ET INTELLIGENCE ECONOMIQUE

Ce terme « Intelligence économique » est depuis peu à l'honneur. C'est dû, semble-t-il, à l'essor de la collecte systématique et du traitement informatisé des données de toutes natures qui intéressent une entreprise immergée dans ce que l'on appelle désormais l'économie de l'information. Faut-il voir dans ce terme un emprunt abusif à la langue anglaise dont la seule justification serait de substituer un autre vocable au mot « renseignement » ? Nous pensons plutôt que l'intelligence doit être prise ici dans son acceptation la plus primitive : le fait de comprendre quelque chose de complexe. Avoir l'intelligence de cette chose, c'est en connaître les données qui permettent de dégager sa signification intime. En s'efforçant, il est vrai de connaître aussi bien le dessous des cartes que leur dessus. Ainsi comprise, l'intelligence n'est pas forcément acquise par l'usage de moyens pervers mais cet usage n'est pas exclus. Si bien que la recherche de l'information sur autrui et la protection vis-à-vis de tiers trop curieux sont des objectifs étroitement liés.

Selon un récent rapport du Commissariat Général du Plan[19], « l'intelligence économique peut être définie comme l'ensemble des actions coordonnées de recherche, de traitement et de distribution en vue de son exploitation de l'information utile aux acteurs économiques. Ces diverses actions sont menées légalement avec toutes les garanties de protection nécessaires à la préservation du patrimoine de l'entreprise dans les meilleures conditions de qualité, de délais et de coût. » Ce texte traduit nettement la volonté de ne pas laisser entraîner l'intelligence économique sur le terrain de l'espionnage. L'intention est louable mais

---

19 La lecture des deux ouvrages suivants est particulièrement recommandée. D'une part, le rapport du groupe « Intelligence économique et stratégie des entreprises » publié par le Commissariat Général du Plan (Documentation Française-février 1994). D'autre part, le livre de Bruno MARTINET et Yves-Michel MARTI « L'intelligence économique : les yeux et les oreilles de l'entreprise » publié aux Editions d'organisation. On peut regretter toutefois qu'il ne se préoccupe de l'aménagement des relations client-fournisseur que pour rapporter les propos d'un chef d'entreprise estimant que ses acheteurs sont trop exposés pour être associés à la politique qu'il mène en matière de renseignements... A signaler aussi le dossier « Comment maîtriser l'information stratégique ? » (« INDUSTRIES N° 14 de février 1996) et dans le Monde du 27 novembre 1996 : « L'intelligence économique est un outil stratégique encore mal perçu par les entreprises »– Marie-Béatrice BAUDET.

elle est insuffisante pour supprimer les doutes qui pèsent sur l'imperméabilité de ces deux notions.

On trouvera ci-après en encadrés deux tableaux qui présentent respectivement les quatre niveaux d'intelligence économique et les degrés d'ouverture ou de confidentialité des informations susceptibles d'être recueillies grâce aux pratiques d'information économique.

Le rapport du Commissariat Général du Plan souligne aussi que la notion d'intelligence économique implique le dépassement, ou si l'on préfère, l'intégration des actions qui, dans le cadre de la documentation courante, relèvent de l'idée de veille. En particulier, les veilles scientifique, technologique, commerciale, concurrentielle, financière, juridique, réglementaire et en premier lieu tout ce qui touche à la protection du patrimoine intellectuel, au-delà même de la stratégie générale de l'entreprise. Elle peut servir à déterminer des stratégies d'influence et à conduire aussi bien des actions de désinformation que d'information[20]. La mondialisation de l'économie donne une importance croissante à l'intelligence économique dans la définition des stratégies poursuivies par les groupes multinationaux à une échelle devenue planétaire. Ces groupes se doivent de prendre en compte une multitude d'informations et d'en faire la synthèse dans les plus courts délais. Leur flexibilité en dépend puisqu'elle permet de constater l'urgence des ajustements à réaliser, notamment pour répondre à l'évolution rapide des demandes de leurs clientèles. Savoir anticiper compte autant que savoir réagir.

La pratique de l'intelligence économique diffère selon les Etats. Elle est fonction de leurs contextes historiques et culturels, de leurs régimes politiques, de la nature des rapports existant entre gouvernements, organismes publics et agents du secteur privé. Le rapport mentionné ci-dessus constate avec regret que le dispositif français est très en retrait dans toute comparaison avec ceux de la plupart des autres grands pays. Son efficacité laisse à désirer en dépit de quelques belles réalisations. Déficiences qui peuvent être attribuées à nos excès de particularisme et d'individualisme, au morcellement des compétences administratives, au manque de formation, au peu d'attention porté par la grande majorité de

---

20 D'Austerlitz au débarquement de juin 1944, les exemples militaires de désinformations réussies ne manquent pas. En sens inverse, on sait aussi que la fortune des ROTSCHILD doit beaucoup au fait que leur représentant à LONDRES connut l'issue de WATERLOO avant son annonce officielle. Le héros de MARATHON ne courrait peut-être pas seulement pour emplir de joie ses concitoyens. Les « affaires » d'initiés ont de très nombreux précédents.

nos compatriotes à ce qui se passe au-delà de leurs frontières nationales. En outre, un culte excessif du secret a longtemps freiné le développement des relations inter-entreprises et il reste l'un des principaux obstacles au choix de la sous-traitance de préférence à une production en interne. Obstacle qui s'oppose également au bon fonctionnement d'un partenariat effectif car celui-ci exige l'échange dans un esprit non restrictif de toutes les informations nécessaires à la réalisation des objectifs fixés d'un commun accord. En revanche, la France figure parmi les chefs de file de la lutte contre la contre-façon en raison de l'importance considérable de ses industries d'art et de création.

L'INTELLIGENCE ECONOMIQUE PAR DEGRES DE COMPLEXITE
(Rapport Commissariat Général du Plan – pages 18 et 19)

I – *Niveau primaire*

Forme d'I.E. la plus accessible, elle s'obtient au moyen de procédures élémentaires facilement maitrisables par des personnes non spécialistes. Exemple : service EURIDILE géré par les Tribunaux de Commerce. C'est la forme la moins rare mais elle ne constitue généralement qu'une base de départ.

II – *Niveau secondaire*

Se définit par l'utilisation des informations dont :
– le niveau d'accessibilité est moyen mais qui peuvent être méconnues ou nécessiter paiement pour être communiquées.
– la rareté est relative (études à diffusion restreinte ou vendues sur souscription notamment)

III – *Niveau tactique dit « de terrain »*

Accessibilité plus difficile (ex. : entretiens, participation à des rencontres, colloques, séminaires, etc. Nécessite traitement et effort de compréhension ou d'interprétation particuliers, ce qui peut justifier le concours d'intervenants spécialisés. Les informations recueillies ont une valeur tactique mais conservent un caractère ponctuel.

IV – Niveau stratégique (I.E de « puissance »).

Accessibilité sophistiquée, difficile et délicate. Exige démarche critique (recoupements). Objectifs : donner une vue plus précise de l'état du marché et une connaissance des projets de la concurrence permettant de définir une stratégie de riposte appropriée. La rareté des sources oblige à employer des moyens de recherche très variés, même en restant dans la légalité. Une bonne interprétation nécessite une compréhension approfondie des jeux d'influence et des rapports de forces liant les agents économiques.

L'INTELLIGENCE ECONOMIQUE : DISTINCTION PAR DEGRE D'OUVERTURE

Selon les cas, le renseignement à recueillir est

– ouvert : aucune difficulté d'accès.

– réservé à des destinataires privilégiés :

Par exemple : aux seuls membres d'une organisation professionnelle.

– confidentiel :

Les bénéficiaires de la diffusion sont tenus de ne pas divulguer l'information transmise à des tiers, même dans un but légitime, sans l'accord de l'émetteur. Sauf dans les cas prévus par la loi et interprétés de façon très restrictive où ils peuvent être déliés du secret professionnel.

– tenu secret :

Ne doivent être au courant que l'émetteur et un très petit nombre d'initiés. Toute infraction à la règle du secret peut entraîner sanction. Les règles édictées sont particulièrement sévères en ce qui concerne la préservation du secret professionnel, la violation du « Secret-Défense » et le « délit d'initié » constaté en France par la Commission des Opérations de Bourse, aux Etats-Unis par la SEC.

Les PME ne sont pas moins concernées que les grandes entreprises par l'utilisation à des fins stratégiques de l'intelligence économique compte tenu de la complexité croissante dans lequel elles évoluent. Il faut au minimum qu'elles puissent trouver en permanence et rapidement les repères nécessaires pour s'orienter tant sur le plan technique que sur le plan commercial. Il importe qu'une gestion « intelligente » de leurs budgets de prospection leur évite de se trouver à la merci d'un trop faible nombre de clients et a fortiori d'un client unique. Ce qui conduit à rappeler à leur intention quelques principes de base dont l'observation nous semble indispensable en la matière. Nous tenterons ensuite d'aborder de façon plus spécifique les problèmes soulevés par l'établissement et la gestion des relations qui peuvent se nouer entre donneurs et preneurs d'ordres, notamment dans le cadre d'accords de partenariat conclus entre des entités de tailles nettement différentes.

I - *RECHERCHES D'INFORMATIONS PERTINENTES ET PROTECTION DE DONNEES CONFIDENTIELLES AU NIVEAU D'UNE PME*

A) *Collecte des données*

Il est bien connu qu'une trop grande abondance d'informations peut créer une situation pire qu'une relative pénurie. Et ceci est particulièrement vrai dans le cas d'une PME. Ce qui rend absolument nécessaire une sélectivité très rigoureuse dans la gestion des flux dont le service ou le collaborateur qui en portent la responsabilité doivent être mis en mesure d'effectuer un tri correspondant à des objectifs et des besoins bien définis. Il importe donc que le chef de ce service ou ce collaborateur soient placés à un niveau leur permettant d'exercer efficacement leur fonction.

Sous bénéfice de cette observation, il ne faut omettre d'exploiter aucune des sources d'information qui peuvent s'avérer rentables. La rentabilité s'apprécie, comme en tout autre domaine, en fonction de la valeur des retours d'investissement constatés ou espérés.

En général, la plus productive de ces sources est c'est celle qui est alimentée par les observations directes effectuées par le chef de l'entreprise et ceux de ses collaborateurs qui ont plus spécialement en charge des tâches de veille. Ce qui concerne non seulement les vendeurs qui ont à pratiquer sur leurs marchés la veille en aval mais aussi et autant les acheteurs dont l'une des missions les plus importantes consiste dans la veille en amont[21].

La synthèse des informations provenant des différentes sources de cette première catégorie est évidemment une opération fort délicate. Elle doit être menée avec rigueur tout en laissant place à l'esprit d'ouverture. Il faut qu'elle apporte plus que la confirmation de faits déjà connus, suscite des idées nouvelles, contribue à l'organisation de ripostes rapides aux initiatives envisagées par la concurrence dont les produits doivent autant que possible faire l'objet d'une analyse systématique (recours aux pratiques de « reverse engineering »).

Une PME ne doit pas plus gérer la fonction d'intelligence économique dans un esprit purement défensif qu'une firme plus importante. La recherche de l'information doit ratisser large, même si elle se concentre sur un seul objectif. Les anglo-saxons font grand cas de la « serendipity » qui peut se définir comme l'aptitude trouver une chose en cherchant une autre. Ce concept est d'autant plus fécond que les grands groupes s'abstiennent assez souvent d'exploiter toutes les applications possibles de leurs procédés. Parfois parce que les marchés à créer ne sont pas d'une dimension suffisante par rapport à celles des marchés dans lesquels ils ont l'habitude d'opérer. Dans d'autres cas, parce que le champ d'application éventuel du procédé qui pourrait être transféré par un tel glissement serait par trop éloigné de celui où l'exercice de leur métier de base concentre leurs activités.

Tout ce qui vient d'être exposé vaut particulièrement pour une PMI travaillant en sous-traitance car elle n'est plus dispensée et elle a même l'obligation pour survivre d'accroître sa capacité d'innovation. Moyennant les adaptations justifiées par le fait qu'il s'agit plus souvent pour elle de « roder » des procédés inédits ou très récents que d'imaginer des produits nouveaux sauf à devenir conceptrice dans le cadre d'un projet réalisé en partenariat.

---

21 Nous ne pouvons que faire notre cette devise choisie par les propriétaires des magasins TATI ! et qui explique largement leur réussite : « un œil devant, un œil derrière ».

En annexe à ce chapitre, on trouvera la liste des propositions contenues dans le rapport du Commissariat du Plan, dit rapport MARTRE, qui ont pour objet de diffuser l'intelligence économique dans une entreprise. Il y a lieu de prêter également attention aux propositions de ce rapport qui tendent à « optimiser les flux d'informations entre le secteur public et le secteur privé (pages 121 à 123). Une place particulière est à réserver à celles qui préconisent la constitution d'un réseau de concertation et d'échange d'informations entre tous les organismes d'aide au financement de l'innovation (ANVAR, ARIST, CRITT, FRAC, DRIREE, etc.).

B) *Protection des données qui doivent rester secrètes ou confidentielles*

L'entreprise qui se consacre exclusivement à des activités de sous-traitance sans concevoir ce qu'elle produit n'est pas concernée directement par la protection de brevets ou d'autres instruments garantissant la propriété industrielle. En revanche, elle doit se préoccuper de la protection de ses savoir-faire spécifiques, plus particulièrement de ceux qui lui permettent de tirer le meilleur parti des procédés qu'elle met en œuvre. En outre, elle doit assurer la confidentialité des prix qu'elle a pratiqués pour des contrats antérieurs et de ses barèmes actuels.

Des mesures de précaution adaptées sont à prendre pour éviter d'alimenter la curiosité d'observateurs avertis à l'occasion de visites d'ateliers, de participations à des salons, de colloques et autres rencontres entre professionnels. Il ne faut donc rendre public que ce qui doit l'être dans le cadre d'une politique de communication ne comportant pas des risques excessifs. A plus forte raison, une très grande discrétion doit être observée pour tout ce qui concerne l'évolution de la situation financière, l'état des négociations en cours, l'étude ou le lancement de projets stratégiques. Mais point de barouds d'honneur... Inutile de s'acharner à maintenir la clandestinité de solutions techniques qui peuvent être facilement connues par les tiers sans qu'ils aient besoin d'utiliser des moyens illégaux. Par exemple, par la simple consultation d'une banque de données. Ajoutons qu'il y a souvent avantage à mettre dans la nature l'avant-dernier cri d'une technique pour être à même de bien protéger le dernier cri. Et notamment éviter de céder la corde qui pourrait servir à pendre le vendeur.

Vis-à-vis du personnel, il est nécessaire de parvenir à un juste équilibre en ménageant des exigences qui ne sont pas toujours conciliables aisément : d'une part, respecter les obligations légales et favoriser grâce à la transparence le maintien d'un bon climat social ; d'autre part, réduire les risques de conflits susceptibles d'être engendrés par des rumeurs et s'attacher à rendre pratiquement impossibles les indiscrétions et les détournements qui pourraient être commis par inadvertance ou intentionnellement. Mais ce sont là des difficultés qui ne peuvent être résolues qu'en les traitant cas par cas.

C) *Comment satisfaire aux besoins prioritaires à un coût raisonnable*

Une PME ne peut tirer un bon parti des moyens d'investigation directe dont elle dispose sans se doter d'une organisation appropriée. Le problème ainsi posé ne peut être résolu qu'en fonction de la taille, de la nature de l'activité de l'entreprise, de ses caractéristiques essentielles et de la politique que le dirigeant ou l'équipe dirigeante souhaitent mener. Certaines questions revêtent une importance particulière. Le système doit-il être centralisé ou au contraire largement décentralisé au niveau des structures existantes ? Faut-il créer une fonction documentaire spécifique et, dans l'affirmative, mettre au point un modus vivendi entre le responsable de cette fonction, faisant office de prestataire de services, et les divers participants aux décisions ? Comment empêcher le stockage par chacun de ces participants des informations qu'il détient pour ses besoins propres et, par voie de conséquence, la constitution de petits centres pirates ?

Les sources à exploiter sont d'une grande diversité. Il a été déjà signalé l'importance qu'il faut attacher à une mise en forme convenable et à une bonne conservation de ce qui provient de l'observation directe. De là l'intérêt du « rapport d'étonnement » destiné à révéler à chaud les faits qui ont le plus frappé l'observateur. Sans que celui-ci soit pour autant dispensé d'établir ultérieurement un rapport plus complet à tête reposée mais avec le souci de ne pas noyer le lecteur dans une abondance de détails plus ou moins utiles sous prétexte de vouloir tout dire. Ecrire « clair, concis, précis ». Souligner les titres. Adopter une présentation dans l'ordre des développements qui, logiquement, doivent se succéder. On ne peut se passer de formuler ces recommandations même si elles paraissent superflues à la plupart des lecteurs.

Tout aussi évidentes mais pas toujours observées les règles à suivre en ce qui concerne l'exploitation des renseignements glanés dans le cadre de l'activité commerciale :

– garder une trace de tout contact avec un client éventuel et conserver les comptes rendus des réunions de négociation pendant une durée d'au moins cinq ans, sauf en cas d'abandon de la production considérée.

– prévoir un archivage sérieux des dossiers terminés, y compris ceux qui n'ont pas abouti mais en conservant les pièces utiles. Ne pas exclure le recours au micro-film. Plus qu'une victoire éphémère, un échec dont les causes et les conséquences ont été analysées avec objectivité peut être fécond pour le devenir de l'entreprise. Ce qui implique, dans une large mesure, le droit à l'échec.

Le développement dans un but informatif des contacts avec les organisations professionnelles et consulaires d'un dirigeant de PME est souvent insuffisant. La recherche d'une documentation encore plus fine que celle provenant de ces organisations est en général très mal aisée pour lui. Mais ces difficultés ne sont pas insolubles. C'est pour beaucoup une question d'apprentissage, l'important étant de participer seulement aux réunions d'une utilité réelle et d'être en mesure d'identifier rapidement la bonne source. C'est dire à quel point il est nécessaire que les Chambres de Commerce, les ARIST et les Centres Techniques facilitent cet apprentissage à leurs ressortissants ou adhérents. Plus spécialement en leur apprenant à tirer le meilleur parti des banques de données dont le contenu correspond le mieux à leurs besoins et notamment à bien naviguer sur ... INTERNET.

Un même besoin de conseil et d'appui technique existe pour le choix d'organismes aptes à conduire des études spécialisées. D'autant plus que le coût de telles études est souvent prohibitif pour une PME isolée. Ce qui rend souhaitable leur réalisation, soit par un groupement d'entreprises dont cela pourrait constituer l'une de ses raisons d'être, soit par une organisation intéressée par l'objet de la recherche, soit pour le compte de collectivités territoriales directement concernées par l'avenir de la majorité des entreprises en cause.

II - *L'IMPACT SUR LES RELATIONS DONNEURS/ PRENEURS D'ORDRES*

Dans le champ des relations de sous-traitance de caractère courant, les préoccupations des deux parties sont surtout d'ordre défensif. Il faut veiller à ne rien faire savoir d'autre que ce qui est nécessaire à la conclusion du contrat et à sa bonne exécution. Mais, dès que l'on passe à des formes contractuelles plus élaborées, sans même aller jusqu'à un partenariat, l'adoption de comportements plus coopératifs amène à organiser une certaine concertation en matière d'intelligence économique.

A) *Garanties que le donneur d'ordres est en droit d'obtenir :*

Parmi celles qui doivent être prévues dans le cadre du contrat de sous-traitance, il y a lieu de citer plus particulièrement :

– l'engagement de ne divulguer sous aucun prétexte les procédés mis en œuvre pour l'exécution d'un contrat à passer avec un autre client pour la réalisation d'un produit identique ou similaire. Serait toutefois abusive une clause interdisant au preneur d'ordres d'entretenir tout contacts avec un concurrent direct du donneur d'ordres. En fait, il n'est pas rare que des interdictions tacites obligent le sous-traitant à renoncer à la clientèle de concurrents actuels ou éventuels d'un gros donneur d'ordres habituel. Mais il faut mettre à part, bien entendu, le cas de composants réalisés au profit de deux clients qui espèrent bénéficier ainsi des baisses de coûts dues à l'allongement des séries.

– l'engagement de ne divulguer sous aucun prétexte à des tiers des renseignements ou documents ayant trait au contenu du contrat ou à sa réalisation.

– la souscription par le sous-traitant d'une assurance le couvrant convenablement contre les risques de vol des documents contractuels et des outillages.

B) *Garanties que le sous-traitant est en droit de demander :*

– l'insertion dans le contrat d'une clause reconnaissant le caractère exclusif de ses procédés. Sauf si le contrat prévoit leur cession moyennant une rémunération distincte du prix proprement dit en contrepartie de l'engagement d'un minimum d'achats.

– sauf dispositions contraires et pour éviter toute ambiguïté, une stipulation précisant que les études effectuées pour les besoins de la commande resteront la propriété exclusive du sous-traitant et ne pourront en aucun cas être utilisées pour des fabrications réalisées par des tiers ou dans les ateliers internes du donneur d'ordres.

C) *Le problème des audits*

La question se pose de savoir dans quelle mesure un sous-traitant peut être tenu de donner des informations de nature confidentielle au cours des audits qu'il subit pour obtenir ou conserver l'agrément d'un donneur d'ordres. Certaines grandes entreprises considèrent, en effet, qu'elles doivent s'assurer que leurs partenaires présentent à tous égards les mêmes garanties que si les mêmes productions ou prestations étaient réalisées dans leurs propres ateliers ou services. En outre, elles tiennent à vérifier très rigoureusement la véracité des documents financiers présentés par l'audité afin de limiter le plus possible les risques de mauvaises surprises. Leurs services Qualité s'attribuent en conséquence le droit d'effectuer toutes les investigations qui peuvent les aider à connaître la structure intime de l'entreprise auditée. A notre connaissance, la jurisprudence n'a pas encore déterminé dans ce domaine une ligne de démarcation précise entre ce qui peut être justifié par l'usage de ce droit d'investigation et ce qui constitue des abus de droit. Les sous-traitants sont donc mal armés pour résister à des prétentions qui vont à l'encontre des règles concernant le respect du secret professionnel et les mettent totalement à la merci de l'entreprise cliente. Pour notre part, nous aurions tendance à conseiller à l'industriel de se retrancher derrière ce secret. A tout prendre, le risque est moindre que d'indisposer ses interlocuteurs par des réponses, imprécises, incomplètes ou manifestement inexactes.

D) *Intelligence économique et partenariat*

Au stade actuel de l'évolution économique, un authentique partenariat ne peut atteindre ses objectifs avec toute l'efficacité désirable sans la conjugaison des moyens d'informations dont disposent les partenaires. L'échange doit porter sur tout élément propice à la réalisation des objectifs que les parties se sont fixés.

Le fonctionnement d'un dispositif organisant cet échange dans un tel esprit doit être sousmis à des règles fixant clairement les procédures à suivre. En particulier, il importe de faire prévaloir une règle de non omission. La rétention de l'infomation ne peut être que nuisible à la bonne gestion de la convention liant les parties ; elle entame la confiance et n'apporte finalement qu'une protection éphémère et fictive au partenaire qui ne joue pas le jeu.

D'une manière plus générale, le développement de l'intelligence économique fondé sur une utilisation systématique mais réaliste des nouvelles sources d'information pourrait justifier à lui seul la formation de ces réseaux interactifs qui associent de plus en plus souvent des groupes d'entreprises ayant en vue la réalisation d'un même projet ou simplement résolues à travailler ensemble. Ceci est vrai dans le cas des réseaux pyramidaux ayant à leur tête une grande multinationale. Mais le constat est aussi valable dans le cas des PME ayant accepté de constituer un groupement de co-traitants.

VIII

LE SORT DES PME NON PARTENAIRES

Les notions de sous-traitance en chaîne et de réseau pyramidal reflètent dans une large mesure une même réalité : la rupture des liens qui existaient avec des PME sous-traitances qui ne peuvent plus bénéficier des commandes des gros donneurs d'ordres avec lesquels elles avaient l'habitude de travailler pour l'une des raisons suivantes ;

– incapacité d'aller au-delà de la fabrication de pièces primaires pour réaliser des produits complexes et notamment des sous-ensembles.

– absence des moyens d'étude nécessaires pour mettre au point des innovations et apporter une participation effective à la conception du produit destiné au marché final.

– ressources financières jugées insuffisantes par rapport aux besoins d'investissement imposés par la nouvelle fabrication ou trop faibles pour rendre possible l'accompagnement du donneur d'ordres dans ses tentatives d'implantation dans d'autres pays européens ou sur d'autres continents.

– avenir problématique ; compte tenu de l'état de la concurrence et, souvent, d'un manque de fonds propres ayant pour corollaire un endettement excessif.

Ne plus être que sous-traitant de deuxième ou troisième niveau, ce n'est pas seulement pour l'entreprise concernée la perte d'un statut social fondé sur des références de premier ordre avec les conséquences fâcheuses d'une diminutio capitis. C'est aussi avoir affaire désormais à des entreprises qui sont à la fois donneuses et preneuses d'ordres, placées dans une situation qui les amène à répercuter dans toute la mesure du possible, voire même au-delà, les sacrifices financiers que leur imposent leurs propres clients. Il peut en résulter des risques de marginalisation non négligeables pour les sous-traitants de petite taille qui opèrent en bout de chaîne.

Un autre élément du constat est que l'on voit la sous-traitance industrielle retourner progressivement vers la définition initiale – ou étymologique – qui fait de la sous-traitance l'objet d'un sous-traité.[22]

---

22 Infra, cf-page 72

Elle constitue à nouveau un système de relations tripolaires caractérisé par l'existence en superposition d'un contrat principal conclu entre le producteur de l'ouvrage définitif et l'un de ses fournisseurs directs et d'un deuxième contrat conclu entre ce fournisseur de premier rang et une autre entreprise agissant en qualité de sous-traitante, l'objet de ce second contrat étant d'assurer l'exécution de prestations nécessaires à l'exécution du contrat principal. Dès lors, se trouve posée la question de l'applicabilité à un tel schéma de la loi du 31 décembre 1975 qui donne précisément une définition tripolaire de la sous-traitance, définition qui est la seule admise dans le secteur du BTP mais s'adapte mal aux concepts en vigueur dans le domaine des industries manufacturières.

C'est effectivement à cette question que nous essaierons d'apporter en premier lieu des éléments de réponse. Mais trois autres points importants méritent aussi d'être abordés dans ce chapitre :

– l'extension éventuelle du partenariat vers l'amont au profit de fournisseurs ou de sous-traitants de deuxième rang.

– la recherche de débouchés de compensation par les sous-traitants qui ne voudraient pas être exclusivement tributaires des commandes de fournisseurs ayant acquis ou conservé le statut de partenaire direct.

– la formation d'entités regroupant un certain nombre d'entreprises possédant des savoir-faire complémentaires en vue de prendre et se répartir des commandes en co-traitance.

En revanche, ce chapitre ne comporte pas l'examen des problèmes soulevés par le passage d'un sous-traitant à l'état de fournisseur concepteur, passage qui, de plus en plus, conditionne l'accès au partenariat tel qu'il est pratiqué par les grandes entreprises. En raison de leur caractère éminemment stratégique, les développements dont ces problèmes font l'objet ont été inclus dans le chapitre XII du présent ouvrage.

I – *De l'adaptabilité des dispositions de la loi de 1975 à la sous-traitance industrielle nouvelle manière.*

En dépit de la superposition d'un contrat principal et d'un sous-contrat, la situation caractérisée par l'existence de relations interentreprises à plusieurs niveaux ne correspond pas forcément à la définition donnée par l'article I de la loi du 31 décembre 1975[23]. Selon ce texte, le contrat principal doit être un contrat d'entreprise et non un contrat de vente. Or, la distinction entre ces deux types de contrats n'est pas établie sur des bases parfaitement claires en dépit d'un arrêt de principe de la Cour de Cassation 3e Chambre Civile du 5 février 1985 (Cf. encadré page 8). Une confirmation jurisprudentielle du contenu de cet arrêt serait d'autant plus importante qu'elle permettrait aux fournisseurs de second rang d'exercer une action directe en paiement auprès du client dès lors que le produit concerné n'est pas un produit catalogué mais répond à ses besoins spécifiques. Ce qui reviendrait à accepter implicitement la notion de sous-traitance élargie et à en tirer des conséquences juridiques telles que cette loi de 1975 « relative à la sous-traitance » mérite mieux son intitulé.

En toute hypothèse, les conditions mises à l'exercice de l'action directe ou au droit d'obtenir le paiement direct dans les cas visés par le titre II de la loi de 1975 font également obstacle à une application plus étendue de ces dispositions protectrices. L'article 3 de la loi prévoit en effet que leur mise en œuvre est subordonnée à l'agrément du sous-traitant par le maître d'ouvrage (terme utilisé dans la loi de 1975 pour désigner le client final), et à l'acceptation par celui-ci des conditions de paiement. Le seul moyen de surmonter cette difficulté serait de considérer que l'on est en présence d'un cas d'agrément et d'acceptation tacites si ce maître d'ouvrage faisant fonction d'ensemblier n'a pu ignorer que son fournisseur direct a utilisé le concours de sous-traitants et n'a pas jugé bon d'intervenir en ce qui concernait leur choix et les modalités de leur paiement. A défaut, le dispositif ne serait applicable que dans l'hypothèse où le fournisseur direct aurait besoin pour la réalisation d'un sous-ensemble de faire appel à un nombre limité de producteurs de composants pour des montants justifiant dans chaque cas l'accomplissement des formalités d'agrément et d'acceptation.

---

23 Article Ier de la loi N° 75-1334 du 31 décembre 1975 : « Au sens de la présente loi, la sous-traitance est l'opération par laquelle un entrepreneur confie par un sous-traité, et sous sa responsabilité, à une autre personne appelée sous-traitant tout ou partie de l'exécution du contrat d'entreprise ou du marché public conclu avec le maître de l'ouvrage. »

COUR DE CASSATION

(3ᵉ CH. CIV.)

5 février 1985

CONTRAT D'ENTREPRISE, *Sous-traitance. Contrat. Qualification, Éléments de construction, Travail spécifique, Chantier déterminé, Action directe contre le maître de l'ouvrage.*

Est un sous-traitant et non pas un simple fournisseur l'entrepreneur qui, pour satisfaire une commande, fabrique et livre sous forme d'assemblage des armatures métalliques qu'il est impossible, en raison de leurs dimensions spécifiques, de détenir en stock, effectuant un travail spécifique que l'entrepreneur principal destinait à un chantier déterminé, en vertu d'indications particulières rendant impossible la substitution au produit commandé d'un autre équivalent;

Dans ces conditions, le fabricant sous-traitant dispose d'une action directe contre le maître de l'ouvrage pour le paiement des armatures livrées.

Rép. civ. et Mise à jour, vᵉ Sous-traitance, par Ch. Gavalda, nos 2 s

(Pernot et autre C.S.C.I. Les nouveaux marchés d'Osny et autre.) –
ARRÊT

LA COUR : – Sur le premier moyen : – Attendu selon l'arrêt attaqué (Versailles, 18 mars 1983), que la S.C.I. *Les nouveaux marchés d'Osny* a confié à la Soc. *Franki fondations France* l'exécution de travaux de fondations ; que pour la confection de pieux, cette entreprise a commandé des armatures métalliques à la Société parisienne d'armatures pour le béton armé (SPABA) ; que la Soc. *Franki fondations France* ayant été mise en liquidation des biens, la SPABA, se prévalant de la qualité de sous-traitant, a réclamé directement au maître de l'ouvrage le prix de ses fournitures ; qu'ayant eux-mêmes assigné en paiement le maître de l'ouvrage devant une autre juridiction, les syndics à la liquidation des biens de la Soc. *Franki fondations France* sont intervenus en cause d'appel pour s'opposer à la demande de la SPABA : – Attendu que ces syndics font grief à l'arrêt d'avoir reconnu à la SPABA la qualité de sous-traitant, alors, selon le moyen, « que puisque l'arrêt a constaté que la Soc. SPABA, au vu d'une commande très précise émanant de la Soc. *Franki*, avait fabriqué les armatures métalliques sans intervenir sur le chantier tout en estimant néanmoins qu'il y avait eu conclusion d'un contrat de sous-traitance, l'absence de déductions légales de telles énonciations constitue une violation de l'art. 1er de la loi du 31 déc. 1975 » ;

Mais attendu que l'arrêt retient que les barres métalliques, livrées sous forme d'assemblage de « cages », ont toutes des dimensions spécifiques, tant en ce qui concerne la longueur que le calibre, le pas d'enroulement des spires autour des barres principales, que la multiplicité des dimensions des composants aurait rendu impossible au fournisseur de stocker à l'avance de tels assemblages, que la SPABA n'avait pu satisfaire la commande qu'après avoir effectué un travail spécifique en vertu d'indications particulières rendant impossible de substituer au produit commandé un autre équivalent, que si la SPABA n'avait pas effectué ce travail destiné à un chantier déterminé, la Soc. Franki fondations France aurait dû le faire ; que de ces motifs, la cour d'appel a pu déduire que la SPABA n'avait pas été un simple fournisseur, mais avait conclu un sous-traité avec la Soc. Franki fondations France ; d'où il suit que le moyen n'est pas fondé ;

> *Sur le second moyen :* – *Attendu que les syndics font grief à l'arrêt d'avoir accueilli l'action directe de la SPABA, alors, selon le moyen, « que, d'une part, admettre qu'un maître de l'ouvrage, qui n'avait jamais été informé, ne serait-ce que de l'existence du sous-traitant, avait pu néanmoins l'accepter tacitement, constitue une violation de l'art. 3 de la loi du 31 déc. 1975 ; alors que, d'autre part, de l'absence de recherches par l'arrêt attaqué au sujet du mode d'agrément, par le maître de l'ouvrage, des conditions de paiement du contrat de sous-traitance, résulte un manque de base légale au regard de l'art. 3 de la loi du 31 déc. 1975 » ;*
>
> *Mais attendu que si le maître de l'ouvrage peut opposer au sous-traitant le défaut de l'acceptation et de l'agrément prévus par la loi, il n'en n'est de même ni de l'entrepreneur principal qui a manqué à l'obligation de faire accepter le sous-traitant et agréer les conditions de paiement du contrat de sous-traitance, ni des créanciers de cet entrepreneur qui n'ayant pas plus de droit que lui, sont sans qualité pour se prévaloir du défaut d'acceptation et d'agrément ; que par ce motif de pur droit substitué à ceux que critique le moyen, l'arrêt se trouve légalement justifié ;*
>
> *Par ces motifs, rejette.*

Avant de clore ce dossier, deux observations sont à formuler.

D'une part, l'extension de la notion de contrat d'entreprise place à certains égards, notamment en matière de responsabilité, les sous-traitants dans une situation plus favorable que s'ils étaient titulaires de contrats de vente. Inversement, elle leur fait perdre les moyens de protection, à vrai dire assez aléatoires, résultant de la possibilité de faire stipuler dans leurs contrats des clauses de réserve de propriété. En vertu de la loi du 12 mai 1981 ou, plus précisément, de l'article 121 de la loi du 25 janvier 1985 qui en a repris les dispositions, de telles clauses permettent aux vendeurs non payés de revendiquer les biens non revendus en cas de mise en règlement judiciaire des acquéreurs. Mais il faut que le bien revendiqué se retrouve en nature au moment de la revendication, c'est-à-dire qu'il soit identifiable et qu'il n'ait été ni transformé ni incorporé dans un ensemble. En outre, le droit de revendication ne peut être exercé, selon la jurisprudence qu'à l'encontre du seul acquéreur et non pas à l'encontre d'une personne qui se trouverait en position de sous-acquéreur vis-à-vis du revendiquant, ayant elle-même acheté le bien en cause au premier acquéreur.

D'autre part, il va de soi que les sous-traitants, comme toutes les autres catégories de fournisseurs, sont d'autant plus exposés aux conséquences d'une défaillance d'un donneur d'ordres qu'ils sont obligés de subir des délais de paiement plus longs. C'est dire à quel point le problème du crédit inter-entreprises est pour eux d'une acuité particulière, étant donné la longueur excessive que ces délais atteignent souvent en comparaison de celle qui est de mise dans la plupart des autres pays de l'Union Européenne. Malheureusement, il est peu probable que ce problème reçoive à brève échéance une solution plus satisfaisante en raison des très fortes oppositions que rencontre l'abrègement des délais de paiement tant de la part des grandes chaînes de distribution que de celle de certains milieux financiers qui n'ont guère intérêt à voir se produire les déplacements des masses de crédits qui seraient la conséquence du retour à des délais d'usance plus normaux.

II – *Des possibilités d'extension du partenariat vers l'amont.*

Est-il permis de voir dans l'institution entre les partenaires de premier niveau et leurs propres fournisseurs de relations qui ne s'analyseraient pas seulement en termes des rapports de forces un objectif réaliste ? Il est arrivé dans un passé récent que certains de ces partenaires directs aient eu plutôt tendance à en « rajouter », leurs exigences allant bien au-delà des taux de baisse des prix qu'il étaient eux-mêmes obligés de consentir. En fait, l'élément modérateur réside surtout dans l'attention portée par les services d'achat des grandes entreprises aux conditions d'approvisionnement de leurs fournisseurs. Ces conditions doivent être telles que l'assurance qualité puisse également jouer son rôle dans les relations premier rang-deuxième rang, ce qui interdit les achats de composants de qualité médiocre à des prix peu ou non rémunérateurs.

Traiter en partenaires ses propres fournisseurs, pour un équipementier, cela va pourtant dans le sens de son intérêt bien compris ; la gestion d'un réseau dont les membres soient capables de s'associer en permanence aux efforts qu'il peut entreprendre pour améliorer la qualité de ses fabrications et réaliser des progrès techniques est, pour lui aussi, un facteur important de productivité.[24] Les constructeurs de véhicules automobiles, RENAULT en particulier, ne cachent pas leur souhait de voir s'organiser, éventuellement sous leur égide, de tels partenariats. C'est ainsi que certains moulistes spécialisés en plasturgie sont déjà associés aux équipementiers dont ils sont les fournisseurs pour les études précédant la sortie de nouveaux modèles (Exemple : celui de la société FTV installée à CARQUEFOU cité par Ouest France – 3 juin 1996).

Il est à peine besoin de préciser que cette extension vers l'amont des pratiques de partenariat est subordonnée à la réalisation par les preneurs d'ordres concernés de progrès significatifs dans de nombreux domaines : maîtrise de la gestion de la qualité, très grande rigueur dans la mise en œuvre de méthodes Juste-à-Temps et flexibilité accrue, échange informatique de données, notamment. En d'autres termes, ici encore, le donnant-donnant va de pair avec le gagnant-gagnant [24].

III – *Les stratégies d'adaptation pouvant être envisagées*

L'adoption d'une attitude de résignation pure et simple tend à placer dans une situation de plus en plus critique une entreprise qui perd irrémédiablement la clientèle directe de ses plus gros donneurs d'ordres. Des réactions rapides visant à valoriser son savoir-faire et à élargir ses assises commerciales sont au contraire les meilleurs moyens d'assurer la survie de cette entreprise en lui évitant de se trouver à la merci de fournisseurs de premier rang encore moins portés à la ménager que ses anciens clients.

Il n'est pas catastrophique pour une PME de se trouver à l'écart du grand jeu du partenariat si elle continue de figurer parmi les meilleures dans sa spécialité. A plus forte raison si elle a réussi à se rendre pratiquement incontournable dans un petit domaine, une « niche », où sa maîtrise technologique la fait bénéficier dans une certaine mesure ou une position de force. La démarche à suivre passe par l'analyse du

---

24 Cf. Usine Nouvelle 26 septembre 1993 – page 70 : « Les fournisseurs de second rang sous haute surveillance » (les équipementiers auditent leurs fournisseurs pour obtenir une meilleure productivité).

potentiel et la détermination des points forts. Il va de soi qu'elle doit être conduite avec réalisme et objectivité. L'intervention d'un conseil est donc extrêmement souhaitable mais celui-ci doit être tout à la fois un bon généraliste et un professionnel possédant la capacité d'expertise nécessaire pour pouvoir formuler des avis pertinents sur le plan technique. Cette analyse peut justifier l'abandon de fabrications trop banales pour être conservées, voire même celles qui ne nécessitent pas un savoir-faire réellement spécifique. Sauf à ménager des transitions laissant la possibilité de ne pas se séparer prématurément de salariés qualifiés connaissant bien les rouages de l'entreprise.

Une telle démarche est évidemment sans objet pour les firmes qui ne maîtrisent pas des spécialités bien définies. Nous pensons en particulier au cas d'entreprises équipées principalement de machines universelles dont l'activité consiste surtout à réaliser à la demande des productions à l'unité ou en petites séries sur la base de commandes ponctuelles. On peut effectivement s'interroger sur leur avenir. D'une part, compte tenu des progrès réalisés dans l'organisation de la production et dans le respect des délais, il est vraisemblable qu'elles recevront de moins en moins de commandes de dépannage. D'autre part, étant donné qu'il n'existe pas de protection absolue contre les aléas et les imprévus de la vie industrielle, il serait regrettable d'enregistrer la disparition complète de ces petites entreprises aptes à intervenir en cas d'urgence et jouant en quelque sorte le rôle de pompiers de service. On peut même estimer que le travail à l'unité ou en petite série est en soi une spécialité autant digne d'intérêt qu'une spécialisation technologique plus poussée. Surtout s'il est le fait de bricoleurs surdoués. En conséquence, et même si le marché de ces petites entreprises ne peut plus avoir qu'un caractère résiduel, celles qui survivront formeront comme dans le passé un humus dont la préservation restera indispensable au bon fonctionnement de l'appareil industriel. Nous mettrons à part, bien entendu, le cas le plus extrême, celui des entreprises qui font simplement commerce de main d'œuvre sous des formes plus ou moins légales et dont la législation s'efforce à juste titre de réprimer les pratiques les plus excessives ou les moins conformes au respect du travail humain.

IV – *La co-traitance : une voie d'avenir mais pas une panacée.*

La constitution de groupements d'entreprises aptes à travailler en co-traitance offre à beaucoup d'égard un intérêt certain pour les PME qui sont obligées de s'adapter aux nouvelles données de leurs marchés, en particulier, l'association de spécialités complémentaires est de nature à faciliter la réalisation de sous-ensembles complexes et, en cas de succès, elle permet aux associés de se trouver en meilleure position que s'ils étaient réduits à la condition de sous-traitants de deuxième niveau. Avantage non négligeable, ce résultat peut être obtenu sans que ses bénéficiaires aient perdu leur indépendance juridique, sans qu'ils aient été contraints d'aller jusqu'au stade de la fusion.

Pendant longtemps, on a pu s'étonner que la pratique de la co-traitance, largement répandue dans le secteur « Bâtiment et Travaux Publics », l'ait été si peu dans le domaine industriel en France. Ce manque d'empressement pouvait être attribué à l'individualisme de la très grande majorité des dirigeants de PME, propriétaires pour la plupart d'affaires familiales et tenant par dessus tout à préserver leur autonomie. Il était dû aussi à un certain flou juridique car, pour tout ce qui n'était pas marché public, l'orientation vers des formules aussi nouvelles que les groupements d'intérêt économique paraissant aléatoire. Nombreux étaient les juristes qui reprochaient à ces formules de créer autant de problèmes qu'elles prétendaient en résoudre et, dans un premier temps tout au moins, ils n'avaient pas tout à fait tort. Sous la pression d'une évolution qui crée de fortes obligations de restructuration et d'organisation collective dans certains secteurs, une tendance nettement plus marquée à créer des groupements orientés vers la co-traitance se manifeste en divers points du territoire (Cf. encadré page 132).

D'une manière générale, le bon fonctionnement d'un groupement spécialisé dans la co-traitance exige l'existence chez tous ses membres une volonté réelle et durable de coopération. Il faut aussi le munir de portes de sortie telles que, si l'un des membres désire se retirer, il n'en résulte pas des dommages importants ni pour lui ni pour les membres qui veulent continuer à travailler ensemble. (Cf. « De la sous-traitance au partenariat industriel » – pages 232 à 236).

Selon le fascicule de documentation AFNOR X 50-300 de novembre 1987, la co-traitance consiste dans la réalisation par deux ou plusieurs entreprises d'un programme déterminé. Les co-traitants doivent être placés dans une situation de parité effective au niveau des responsabilités juridiques et financières. A défaut, il serait à craindre que l'une des entreprises parvienne à s'assurer une position dominante à l'intérieur du groupement en tant que chef de file. Elle pourrait alors se comporter en donneur d'ordres vis-à-vis des autres membres en abusant du rôle de mandataire qui lui est conféré pour la négociation des contrats. Ce risque existe en particulier lorsque ces contrats sont des marchés publics. La réglementation en vigueur prévoit en effet que les co-traitants sont représentés par l'un d'eux et que celui-ci peut agir, soit précisément en vertu d'un mandat, soit en qualité « d'architecte industriel ». Dans la pratique, il peut se faire que les membres les plus importants ou les plus qualifiés d'un groupement assument une fonction d'ensemblier et organisent la redistribution des tâches confiées aux autres membres. En de pareils cas, l'usage du terme « co-traitance » est pour le moins discutable même si les modalités de répartition ont reçu l'agrément de tous les adhérents.

Le recours à la co-traitance ainsi définie n'implique pas la création d'une structure ayant une personnalité juridique. De nombreuses situations de fait sont, de façon très empirique, caractérisées par l'existence de véritables relations de co-traitance, l'habitude ayant été prise de procéder à une répartition des tâches sur une base paritaire et selon des modalités convenues à l'avance. Néanmoins, la création d'un dispositif juridique approprié s'impose dès lors que les donneurs d'ordres n'accordent crédit qu'à un organisme doté d'une pleine capacité contractuelle et disposant d'un potentiel permanent qui en fasse un interlocuteur crédible. A cet égard, et dans la mesure où ses difficultés de mise en œuvre sont maintenant résolues par des solutions adéquates, le groupement d'intérêt économique répond bien, semble-t-il, aux préoccupations des industriels qui, pour une raison ou une autre, ne sont pas disposés à se lier par un véritable pacte social. Néanmoins, le montage d'un G.I.E reste une opération délicate. Des précautions très sérieuses doivent être prises pour limiter les engagements des membres en cas de défaillance de l'un d'eux et, comme il a été déjà dit précédemment, un membre qui souhaiterait se retirer doit pouvoir le faire sans mettre en danger la vie du groupement.

La solution la plus usitée n'en est pas moins la création d'une société filiale chargée de la recherche des débouchés et de la négociation des contrats pour le compte des associés. Elle opèrera alors en qualité de mandataire, les participants s'engageant à mener à bien l'opération à réaliser et, notamment, à garantir solidairement sa bonne fin d'achèvement.

En définitive, le plus gros obstacle au développement des formules de co-traitance réside dans les réticences de certains donneurs d'ordres. Il importe donc de les convaincre qu'un groupement ayant fait ses preuves peut être un partenaire plus efficace ét au moins aussi sûr qu'une entreprise issue d'une fusion où les problèmes de co-existence entre dirigeant cadres et personnels des entreprises fusionnées restent à résoudre.

L'existence de configurations à géométrie variable ne constitue pas seulement un élément de flexibilité précieux dans le contexte économique actuel. Ainsi qu'il sera exposé au chapitre X, la constitution de ces entités peut aussi contribuer puissamment à la valorisation des potentiels dont disposent nombre de bassins d'emplois français dont beaucoup sont en perte de vitesse ou, pour des raisons de conversion, doivent prendre un nouveau départ. Certes, le fonctionnement en co-traitance n'implique pas la proximité mais il est grandement facilité par l'existence d'une tradition manufacturière commune. A condition que la constitution du groupement traduise la volonté de travailler ensemble et l'effacement des vieilles rivalités locales..

EXEMPLES RECENTS D'ORGANISATION DE LA CO-TRAITANCE :

— *création par sept entreprises roannaises d'une SARL dénommé MECANERGIE ayant pour objet de rendre les participants moins tributaires des commandes du GIAT. L'ensemble regroupe 120 salariés (C.A. : 50 MF). Usine nouvelle 13 juillet 1995 ;*

— *constitution en Suisse à TRAMELAN près de NEUFCHATEL du pool « MICRO-MECA-POINT. Associe 4 entreprises regroupant 160 personnes pour la réalisation de projets en partenariat et pour « explorer des voies industrielles nouvelles ». Usine nouvelle 12 janvier 1995 ;*

– GIE formé sous le nom EURESSORT par deux PME productrices de petits et moyens ressorts situées l'une près de LILLE et l'autre près d'AUXERRE. Objet : intégrer les fabrications dans une même gamme et pouvoir les faire entrer dans la réalisation d'un même type de projet. Usine Nouvelle 26 octobre 1995

Exemples pris dans le cahier N° 21 d'octobre 1996 de la revue « INDUSTRIES » publiée par le Ministère de l'Industrie :

– création de la société AMCI par OUTILLEX et trois autres petites sociétés spécialisées dans la production d'outils de découpe et dans l'usinage par électro-érosion. Siège en région grenobloise. C.A. : 70 MF

– action menée par les responsables de la centrale nucléaire de GRAVELINES en vue de favoriser la coopération de plusieurs PMI pour la réalisation de prestations globales, notamment grâce à la création de groupements momentanés ; l'expérience a été étendue à l'ensemble de la région dunkerquoise où une vingtaine de grandes effet le club CMIN (club de maintenance industrielle en nucléaire).

IX

LES PROBLEMES SECTORIELS LES PLUS ACTUELS : LA REDUCTION DES COMMANDES EMANANT DE L'AERONAUTIQUE MILITAIRE ET DES AUTRES INDUSTRIES D'ARMEMENT[25]

Ce chapitre comporte trois paragraphes. Le premier s'efforce d'analyser la situation créée pour les sous-traitants de l'industrie aéronautique par la réduction des commandes militaires mais en tenant compte de l'impact de cette réduction sur le comportement de l'ensemble d'un secteur qui subit aussi en permanence les fluctuations, parfois très fortes, de la demande d'aéronefs civils. Le deuxième paragraphe traite des conséquences de la restructuration programmée des industries d'armement terrestres et maritimes. Il ne peut en donner toutefois qu'une vision incomplète car les données disponibles sont encore fragmentaires. Mais cette imperfection n'empêche pas de se rendre compte que cette restructuration aura sur l'emploi des salariés concernés des effets d'une ampleur et d'une gravité comparables à ceux de la crise vécue par l'industrie sidérurgique. Avec cette particularité que, cette fois, de nombreuses PME seront aussi en première ligne. Le troisième paragraphe traite des stratégies de diversification qui peuvent être envisagées. Non pas pour dresser l'inventaire des perspectives actuelles, ce qui aurait représenté une tâche considérable en raison de la complexité et de la technicité des questions qui auraient dû être abordées même en se limitant aux principaux types d'activités touchées par la diminution de leurs débouchés traditionnels. Mais pour faciliter la compréhension des problèmes à résoudre en présentant quelques éléments de réflexion permettant peut-être d'aider à les situer dans leur contexte général.

---

25 Les éléments d'information utilisés pour la confection de ce chapitre sont ceux dont l'auteur a pu disposer à la fin du 4e trimestre 1996. Tout événement qui déterminerait un infléchissement notable de l'évolution dans les domaines aéronautique et militaire serait signalé par une note incluse dans une post-face.

I - L'IMPACT DE LA REDUCTION DES COMMANDES D'APPAREILS MILITAIRES SUR LA SOUS-TRAITANCE AERONAUTIQUE

Le tableau reproduit sur la page suivante présente une vue d'ensemble de la structure de la sous-traitance aéronautique au plan européen sur la base des données recueillies en 1994 par le bureau LEK pour le compte de la Commission des Communautés Européennes et intitulée « Study of subcontractors suppliers and equipment manufacturers in the european aeronautical industry ». Ce tableau met en évidence le fait que 90 % de la sous-traitance aéronautique française se trouvent répartis entre l'Ile de France à hauteur de 50 % et trois régions situées dans le sud de la France : Midi-Pyrénées (forte concentration autour de TOULOUSE en raison de l'attraction exercée par les établissements de la SNIAS), Aquitaine (plus particulièrement zone dite du « Bassin de l'Adour », un second pôle s'étant constitué à proximité de l'usine de BORDEAUX de DASSAULT-Aviation), Provence Côte d'Azur (MARIGNANE étant le principal centre français de construction d'hélicoptères).

Il résulte de cette répartition géographique que certains sous-traitants travaillent surtout pour satisfaire des besoins civils et d'autres pour contribuer à des fabrications de caractère militaire. Mais beaucoup de ces professionnels ont aussi une activité mixte et, en toute hypothèse, les difficultés de l'une des deux branches se répercutent sur l'ensemble du secteur. Or, depuis 1980, ces deux branches ont connu des évolutions différentes.

L'industrie de l'aéronautique civile se singularise par son caractère cyclique. Des périodes de forte mévente sont suivies de périodes de reprise vigoureuse. Victimes des opérations de réintégration opérées par les constructeurs de moteurs ou de cellules au profit de leurs propres ateliers pendant les phases de récession, les sous-traitants sont obligés de mettre en place rapidement et parfois trop hâtivement de nouvelles capacités de production, pour tirer profit d'un « boom » conjoncturel plus ou moins durable. En pareil cas, le risque financier qui doit être assumé est d'autant plus lourd que les PME concernées se consacrent en grande partie à des activités relevant de la notion de sous-traitance de capacité, même quand elles donnent lieu à la mise en œuvre d'équipements faisant appel à des technologies très avancées.

Structure of European aeronautical subcontracting

Country	Total. No. of Companies (Est)	Average Size : Employee No.s (Est)	Main Region	Percent of total (Employees)
France	4000	85 % have < 100 employees 1 % (30 companies) have > 1000 empl.	Il de France Midi Pyrénée Aquitaine Provence	50 % 15% 15 % 10 %
UK	3000	75 % have < 100 employees 2 % (40 companies) have > 1000 empl.	South East North West South West	25 % 20 % 19 %
Germany	250	70 % have < 100 employees 5 % (12 companies) have > 1000 empl.	North South	40 % 60 %
Italy	200	Majority have < 50 employees	Milan/Turin Rome Naples	40 % 20 % 35 %
Spain	50	Majority have < 50 employees	Madrid Andalucia Basque	50 % 30 % 10 %

Source : GIFAS, SBAC, BDLI, CASA, ALA, LEK interviews and analysis

Alors que le début des années 1980, où les effets de l'abandon du programme Caravelle et l'échec du programme Concorde se faisaient encore sentir, avait été plutôt morose, l'arrivée sur le marché de la première génération d'AIRBUS avait coïncidé avec une recrudescence des besoins de l'aéronautique civile. Ce qui détermina un doublement des achats concernant la sous-traitance de capacité sur la période 1988-

1990, suivi d'un nouvel accroissement de 15 % en 1991. Mais, dès l'année suivante, ces achats diminuèrent en raison de l'apparition d'une nouvelle crise. C'est la raison pour laquelle, le nouveau départ dont la très grande commande passée par la compagnie USAIR à AIRBUS apporte la confirmation n'engendre chez les preneurs d'ordres qu'un optimisme mesuré.[26] L'expérience acquise au cours des cycles antérieurs les incite à ne pas se laisser prendre par l'euphorie induite par cette commande. En outre, les structures financières restent fragiles. Comme l'écrivent Nicole BEAUCLAIR et Jean DUPONT. « Il va falloir que les PME évitent d'investir à tout va pour céder à la pression de leurs donneurs d'ordres. Ainsi, dans la sous-traitance, la tendance est de se tourner vers l'usinage à très grande vitesse (UGV)... A la demande des avionneurs, les projets d'investissement dans l'UGV sont à tel point nombreux que l'on peut craindre de voir apparaître une surcapacité à l'instar de ce qui a existé il y a une dizaine d'années pour les centres d'usinage. A la moindre baisse des cadences de production aéronautique, les sous-traitants seraient alors dans l'incapacité d'assurer un plan de charge à ces machines et seraient confrontés à des difficultés d'amortissement. Car, partant du principe que l'activité aéronautique est cyclique, il y a tout lieu de penser que la prochaine crise pourrait intervenir au début du 21e siècle. Dans tout juste quatre ans. Certes, face à des besoins de renouvellement et d'extension qui portent selon certains experts sur 5 à 6000 appareils civils pour les cinq prochaines années, ces prévisions peuvent paraître pessimistes. Mais la prudence s'impose tout particulièrement en la matière. L'aéronautique civile ne vit pas encore une période de haute conjoncture et, si elle devient une réalité, il ne sera pas plus possible que pour les périodes précédentes d'en prévoir la durée. Il est évident que les sous-traitants engagés dans les programmes civils ne devront donc renoncer en aucun cas à pratiquer des stratégies de diversification ayant pour but de réduire leur vulnérabilité aux risques cycliques.

En ce qui concerne l'aéronautique militaire, l'évolution a été caractérisée par une relative stabilité au cours de la décennie 1980 mais, à partir de 1990, l'activité a diminué à un rythme nettement plus élevé que

---

26 Cf. AIR ET COSMOS-29 novembre 1996. « Les PME sont un vivier pour l'innovation » - Nicole BEAUCLAIR et Jean DUPONT et dans le N° du 13 décembre 1996 d'AIR ET COSMOS : « La reprise profite à la sous-traitance » par Nicole BEAUCLAIR

pour l'aéronautique civile. Etant observé que, jusqu'en 1994, l'Allemagne a beaucoup plus réduit son budget de défense que la France (de 21 % de 1991 à 1994). Les restrictions de crédits militaires ajoutant leurs effets à ceux de la récession frappant l'aéronautique civile, l'industrie aérospatiale allemande aurait perdu à elle seule 160 000 de ses 280 000 emplois depuis 1990 selon des propos tenus par Werner HEINZMANN, responsable de l'espace et de la défense à la DASA et apportés par AIR ET COSMOS (N° 1481 du 4 octobre 1996 – page 12).

En France, les PME du secteur aéronautique ne vont pas seulement avoir à supporter les conséquences de la réduction en volume ou de la suppression des programmes d'armement déjà lancés. Elles vont aussi avoir à subir le contrecoup de la baisse des crédits accordés par la DGA pour les études amont. Elles seront surtout obligées de se plier encore plus à la nécessité de réduire les coûts. Ce qui passe par la limitation des fonctions opérationnelles et de la complexité d'un armement selon la formule du « juste-assez » qui est maintenant à l'honneur.

L'amélioration de la conjoncture dans le domaine de l'aéronautique civile paraît offrir, en tout état de cause, un répit dont la mise à profit pourrait être facilitée par les initiatives qui ont été prises récemment à différents niveaux à condition, bien évidemment, qu'elles ne se chevauchent pas les unes les autres mais se complètent.

Au niveau professionnel, tout d'abord, le Groupement des Industries Françaises Aéronautiques et Spatiales, le GIFAS, a mis sur pied un comité Aero-PME qui regroupe actuellement une cinquantaine d'entreprises. Le rôle de ce Comité sera plus spécialement de faciliter, en concertation, avec les grandes entreprises du GIFAS, la mise au point des innovations réalisées ou expérimentées par ces PME et le développement de leurs exportations.

Au niveau gouvernemental, une commission « Filière aéronautique a été constituée à l'initiative des Ministères de l'Industrie, de la Défense et des Transports. Cette commission a pour objet de rendre possible une meilleure utilisation des ressources dont disposent les grands groupes et les autres entreprises intervenant dans la filière, y compris les PME. Ses travaux tendent aussi à harmoniser les procédures d'aide en vue de soutenir plus efficacement les efforts de recherche et de développement.

Il existe en outre un « Comité RICHELIEU » qui regroupe un certain nombre de PME de hautes technologies travaillant majoritairement pour la Défense. Ce Comité suscite et organise le regroupement de ses adhérents désireux de répondre à une appel d'offres. Plus généralement, il milite en faveur de réformes réglementaires visant à rendre plus aisé l'accès des PME aux marchés publics.

Enfin, au niveau européen, une fédération intitulée RISE (Research Intensive Smallen medium sized enterprises in Europe) vient d'être constituée avec l'appui de la Commission. Elle favorisera notamment l'organisation de rencontres entre grands donneurs d'ordres et PME dans le cadre de manifestations telles que MET qui s'est tenu à Strasbourg en octobre 1996 et AEROMART 96 qui vient d'avoir lieu à TOULOUSE.

II – *LA SOUS-TRAITANCE DESTINEE A LA REALISATION DE COMMANDES D'ARMEMENTS TERRESTRES ET MARITIMES*

Aucun bilan d'ensemble n'ayant été rendu public, il est difficile de mesurer avec précisions les conséquences que la réduction de ces commandes, consécutive à la réorientation de la politique militaire française et aux restrictions budgétaires les plus récentes, peut comporter pour l'activité des entreprises travaillant pour les besoins de la Défense Nationale et leurs sous-traitants. On ne peut donc mesurer exactement l'ampleur des dégâts et il est permis de le regretter bien que la diversité des situations qui peuvent être observées obligé à privilégier leur examen au cas par cas plutôt que la prise en compte de données globales.

On sait tout au plus, en effet, que 50 à 60 000 emplois devraient être supprimés pendant les six années (1997-2002) de la nouvelle loi de programmation militaire et qu'elles toucheraient une trentaine de bassins d'emploi. Mais ces chiffres portent à la fois sur les emplois militaires et sur les emplois civils sans distinction entre les deux catégories. Ce qui mérite d'être constaté, en revanche, c'est que les industries françaises d'armement perdaient déjà près de 10 000 emplois par an depuis 1989 (Déclaration du Ministre de la Défense publiée dans le Monde du 20 décembre 1996). Il ne s'agit donc pas du déclenchement mais de l'accélération d'un processus de régression dont tous les grands pays producteurs d'armements sont obligés de pallier les effets négatifs sur l'emploi. Les établissements publics et les entreprises publiques ou privées les plus directement concernés ont donc déjà disposé pour la plupart d'assez larges délais d'adaptation. Mais la réorientation vers des activités non militaires est plus ou moins aisées selon la nature des techniques et des moyens de production utilisés et elle n'a guère était facilitée dans les zones où l'habitude de travailler exclusivement pour l'Etat grâce à des commandes obtenues par son intermédiaire a laissé des traces profondes sur l'ensemble de la filière, sous-traitants compris. En outre, force est de constater que le soutien des Pouvoirs Publics aux efforts de conversion ou de diversification réalisés localement a été trop tardif et n'a pas été aussi massif qu'il aurait été souhaitable. Les comparaisons qui peuvent être effectuées avec ce qui a été fait aux Etats-Unis où les industries travaillant pour l'armement, aéronautique comprise, ont fait l'objet de programmes spécifiques bénéficiant de financements publics considérables sont tout à fait édifiantes.

Les sites maritimes figurent assurément parmi les plus éprouvés. Le Monde du 9 juillet 1996 (page 8) fait état de la disparition de 1 200 emplois dans la sous-traitance à BREST et de 1 100 autres à LORIENT d'ici l'an 2000. OUEST-FRANCE (5 juin 1996) signale pour sa part le cas d'une entreprise employant 203 salariés à LORIENT, SAINT-NAZAIEZ et BREST qui venait déjà de déposer son bilan. Cette entreprise n'avait pu tenter aucun effort de redressement, l'obligations de passer exclusivement des contrats de travail à durée indéterminée qui lui aurait été imposée par la Direction des Constructions Navales, ne lui ayant pas permis de réduire sa masse salariale en temps utile. Dans les différentes agglomérations concernées, la situation est d'autant plus préoccupante que la reconversion des chantiers navals vers des fabrications civiles est problématique et qu'il s'agit, pour l'essentiel, d'une sous-traitance très spécialisée fondée sur des savoir-faire peu propices à la recherche de débouchés hors du secteur de la construction navale. Exception faite d'une certaine sous-traitance de capacité contribuant à la construction des coques de navires qui était déjà en très net déclin depuis une vingtaine d'années.

Dans les zones terrestres où des établissements dépendant du GIAT sont appelés à subir de fortes réductions d'effectifs, la situation est, dans l'ensemble assez comparable à celle que connaissent les bassins d'emploi où la sous-traitance aéronautique est prédominante. Certaines entreprises qui avaient déjà diversifié largement leurs activités ne devraient avoir qu'à traverser une mauvaise passe. Les chances de survie paraissent faibles pour les autres qui sont généralement de très petites dimensions.

A titre purement indicatif, il est possible de faire mention des résultats d'une analyse des informations contenues dans l'annuaire « Sous-traitance » réalisé par la Chambre de Commerce et d'Industrie de BOURGES, pour le département du Cher. Sur les 130 entreprises recensées, 67 entreprises travaillent pour l'armement ou pour l'aéronautique ou pour les deux à la fois. Ces dernières sont au nombre de 32. 29 de ces entreprises citent également l'industrie automobile comme secteur client. 46 font état de la clientèle d'autres secteurs. 22 réalisent des productions pour leur propre compte. Au total, ces 67 entreprises représentent un potentiel d'emploi de 2 200 personnes. Bien entendu, il ne faut tirer aucune conclusion hâtive de ces données. Elles témoignent seulement de l'existence d'une tendance à la diversification qui est plutôt de bonne augure pour l'avenir industriel de l'un des départements les plus touchés par la réduction des commandes militaires.

En toute hypothèse, il faut être conscient que l'attention des pouvoirs Publics se portera en priorité sur les zones où se trouve situé un établissement travaillant pour la Défense Nationale dont une partie ou même la totalité des activités doit être supprimée. En général, la présence de ces établissements a suscité le développement d'une importante sous-traitance de proximité mais des entreprises qui ne sont pas situées dans ces zones sont également menacées de disparition du fait de la perte d'une clientèle militaire qui représentait une part importante de leur chiffre d'affaires. Les soutiens que l'Etat ne manquera pas d'apporter aux initiatives régionales et locales qui vont sans doute se multiplier ne le dispenseront donc aucunement de prendre au niveau national des dispositions telles qu'il n'y ait pas de laisser pour compte.

III – *COMMENT AMELIORER LES CHANCES DE SURVIE*

En dépit du titre figurant ci-dessus, ce paragraphe ne contient pas une liste de conseils, voire même de recettes, dont la validité serait telle que les industriels devraient obligatoirement s'en inspirer pour prendre pied sur des marchés nouveaux leur offrant des perspectives moins sombres que ceux de la Défense. Certes, il est toujours possible d'énoncer quelques vérités d'ordre général ; mais sans que cela soit d'une très grande utilité.

Il est important, par contre, de prendre pour point de départ les diverses utilisations possibles des équipements existants, de passer en revue sans idée préconçue les divers types d'activités où les savoir-faire acquis grâce à l'exercice prolongé d'un certain nombre de métier peuvent apporter un plus par rapport à ceux qui sont mis en œuvre. Les constructeurs aéronautiques et aérospatiaux américains fournissent actuellement des exemples apparemment probants de stratégies du glissement lorsqu'ils se tournent vers l'équipement informatisé des aéroports et des autoroutes, mettent au point de nouvelles méthodes de contrôle de la pollution, proposent des dispositions de guidage de la circulation routière[27]. Toutefois ; de telles opérations nécessitent la mobilisation de capitaux considérables. Elles ne peuvent donc être conduites que par de grosses entreprises. Mais il ne faut jamais en mesurer l'intérêt au nombre des emplois qui seront créés directement par les auteurs d'une telle opération. Il faut aussi tenir compte des effets positifs possibles sur l'activité de nombreux fournisseurs et sous-traitants. En particulier, si les PME bénéficiaires sont situées principalement à l'intérieur de la zone sinistrée.

C'est précisément dans le dessein d'accroître les effets multiplicateurs des grandes opérations d'aménagement, publiques ou privées, qu'il faudrait tenir un plus grand compte dans le dosage des encouragements de toute nature dont elles peuvent bénéficier de l'effort fourni par le maître d'œuvre pour élargir et valoriser les participations locales. Il ne s'agit pas d'imposer à ce titre des rigidités administratives supplémentaires. Pour intéressantes à connaître qu'elles soient, les pratiques suivies par la Small Businesse Administration aux Etats-Unis ne sont guère transposables sur le plan intérieur français et leur mise en œuvre serait sûrement condamnée par les instances de l'Union Européenne[28]. En revanche, il ne serait pas inconcevable que, pour toute opération d'une certaine importance nécessitant un agrément des pouvoirs publics et, le cas échéant, l'octroi d'avantages financiers, un examen des dispositions prises ou pouvant être envisagé pour permettre une participation

---
27 Cf. Encadré page 37 : note sur la reconversion des industries de défense américaines
28 « De la sous-traitance au partenariat industriel » – pages 120 à 122.

substantielle des PME au projet en cause doive obligatoirement précéder l'intervention de la décision définitive.

*

* *

Toute stratégie de diversification comporte au moins trois phases. La première est une phase d'investigation qui tend à mettre en évidence les marchés sur lesquels l'entreprise en recherche a le plus de chances de valoriser son savoir-faire sans avoir à s'imposer des efforts d'investissement, de recrutement ou de formation d'un coût déraisonnable. Les résultats de ce travail de détection dépendent dans une large mesure des outils d'intelligence économique utilisés et de la capacité de l'entreprise considérée d'en faire un usage pertinent. La deuxième phase doit permettre, par approches successives, de vérifier qu'il existe bien une demande potentielle sur les marchés qui ont été reconnus comme étant les plus attractifs et de mesurer avec le maximum de précision l'importance de l'effort financier qu'il faudra consentir pour être présent sur ces marchés. La troisième phase est celle de la mise en œuvre des décisions correspondant aux choix qui auront été effectué. C'est une phase qui est souvent très difficile à vivre car, très fréquemment, les premières tentatives de pénétration sur des marchés nouveaux ou même sur des marchés que l'on croyait connaître grâce à des transactions antérieures se soldent par des échecs. Or, la persévérance est un luxe que des entreprises aux carnets de commandes peu garnis peuvent difficilement se permettre.

Il est donc clair que les entreprises engagées dans des processus de diversification qui seront inévitablement de longue haleine auront besoin de partenaires financiers qui soient disposés à les accompagner durablement. Les sociétés de conversion ont acquis dans la réalisation des programmes auxquels elles ont déjà participé une expérience qui devrait en faire les organismes les mieux placés pour jouer ce rôle de partenaire. Mais, quels que soient les opérateurs, il sera nécessaire que les concours financiers de l'Etat, notamment ceux qui sont financés par le Fonds pour les restructurations de la Défense (FRED) et de l'union Européenne (FEDER) soient à la hauteur des besoins.

L'autre condition de réussite des politiques de conversion à mener dans les régions les plus touchées consiste dans la conclusion et l'observation de pactes obligeant toutes les catégories d'agents impliqués – élus, responsables consulaires, représentants des employeurs et des autres partenaires sociaux – à œuvrer dans la même direction, à s'informer mutuellement à conjuguer leurs efforts sans tenter de s'attribuer systématiquement les succès ni de reporter sur d'autres la responsabilité des échecs. Une convergence d'autant plus nécessaire que, même en cas de nette amélioration de la conjoncture. Il semble peu probable que de nouveaux transferts d'activités en province puissent être la source de créations d'emplois massives. Le salut ne pourra donc venir que de l'auto-développement, ce qui demandera beaucoup d'abnégation et une forte discipline collective.

LA RECONVERSION DES INDUSTRIES DE DEFENSE AMERICAINES[a]

I – L'Administration américaine a mis en place le « TECHNOLOGY REINVESTMENT PROGRA » d'une durée de cinq ans à partir de 1993 et doté de 2,5 Mds de dollars, dont 500 Mns au titre de l'année 1994 ; Parmi les 14 premiers projets lancés, 9 intéressent la Californie et 4 la Floride.

II – Les initiatives de caractère privé sont beaucoup plus nombreuses. La note du Poste d'Expansion Economique en recense 190 au total. La plupart ont pour objet d'ouvrir de nouveaux marchés à partir de l'expertise existante. Par exemple :

– production sur une même ligne par Texas instrument de composants à usages civils et militaires.

D'autres opérations constituent plutôt un glissement commercial d'un marché sur un autre :

– vers les services aéroportuaires : gestion du frêt, identification électronique des containers, billétique, téléphone de bord – Raytheon, LOCKHEED.

a. Source : note du Poste d'Expansion Economique de l'Ambassade de France à WASHINGTON datant de 1994.

– délivrance des tickets de parking, gestion informatisée des péages autoroutiers, téléphone portable – LOCKHEED

– reconnaissance du sol, stockage des images médicales, observation du globe à des fins d'antipollution – LORAL

*

* *

Il reste que ces opérations ne sont pas à l'échelle des besoins de création de nouveaux emplois. 400 000 emplois ont été, en effet, supprimés depuis 1991 et il faut encore prévoir 80 000 suppressions pour la seule Californie d'ici l'an 2000. 259 entreprise du secteur de la défense ont été supprimées ou rachetées depuis 1985 et le Cabinet BOOZ ALLEN estime que 80 % des sociétés subsistantes devront disparaître d'ici l'an 2000.

Cette note fait aussi état des efforts déployés par les Universités du Sud de la Californie pour permettre la reconversion d'ingénieurs de l'aéronautique en leur facilitant l'accès à d'autres métiers, ceux d'ingénieurs spécialistes de l'environnement, par exemple.

X

LOCALISATIONS : ANCIENS SITES ET NOUVELLES IMPLANTATIONS

Au fil des temps, les activités de sous-traitance industrielle s'étaient réparties sur le territoire français selon un schéma qui conduisait à distinguer :

– de grandes zones aux activités très diversifiées. Principalement la région parisienne et la région de Saint Etienne.

– des zones caractérisées au contraire par une forte spécialisation liée aux besoins d'une industrie particulière. Zones d'Aquitaine et de Midi-Pyrénnées liées à la construction aéronautique. Partie du Doubs situé dans l'environnement des usines PEUGEOT

– des bassins d'emploi sièges de mono-activités fortement concentrées, l'exemple le plus significatif étant celui de la vallée de l'Arve spécialisée dans le décolletage qui mérite une attention particulière.

– des zones bénéficiaires des grands courants d'industrialisation en milieu rural auxquels la politique de décentralisation avait donné naissance. Nous prendrons ici pour exemple le Choletais mais nous aurions pu aussi bien citer d'autres « pays » situés pour la plupart dans l'Ouest et le Centre de la France.

Les mutations technologiques et économiques en cours incitent à formuler deux sortes de questions. Les unes portent sur l'avenir des zones de sous-traitance traditionnelle. Ne sont-elles pas doublement menacées ? D'une part, par l'extension des pratiques de délocalisation ; de l'autre, par les contraintes des systèmes Juste-à-temps qui tendent à favoriser des implantations proches de celles choisies par les donneurs d'ordres chefs de file pour la création de leurs nouveaux établissements. La seconde catégorie de questions concerne précisément le choix des nouveaux sites. Elles ne sont pas seulement soulevées par la création des usines dites de proximité. Il convient aussi de s'interroger sur la possibilité pour de petites ou moyennes unités manufacturières de desservir convenablement des zones à forte prédominance technologiques, voire même de pures technopoles dont on peut craindre qu'elles soient beaucoup plus accueillantes aux services haut de gamme qu'à tout autre type d'activité.

I – *De la restructuration des sites anciens.*

Parmi ces sites, ceux dont l'avenir est le plus inquiètement sont assurément à l'heure actuelle les centres dont la sous-traitance pour le compte de la construction aéronautique ou les industries d'armement constitue l'activité la plus importante. Les problèmes de réorientation de conversion qui se posent pour ces centres régionaux ont été déjà largement abordés dans le cadre du chapitre précédent.

Mais c'est l'ensemble des zones de sous-traitance traditionnelle qui est appelé à subir les conséquences du changement du système de production et se trouve exposé, à des degrés divers, à des risques de délocalisation.

De toute évidence, des efforts considérables de restructuration et de redéploiement conditionnent le maintien d'une répartition territoriale équilibrée d'activités dont nous savons maintenant, toutes formes de partenariat et de sous-traitance comprises, qu'elle assure l'emploi du quart des salariés de l'industrie. Ces efforts devront s'exprimer en termes de qualité, d'adaptabilité et de maîtrise des coûts. Ils ne permettront pas d'éviter la disparition des entreprises dont le maintien sur le marché est rendu plus que problématique par l'insuffisance de leur taille ou de leur technicité ; ils ne dispenseront pas de se regrouper celles qui ont une chance réelle de survie si elles acceptent de s'intégrer dans un ensemble remplissant les conditions nécessaires, la dimension minimale en premier lieu, pour se voir traiter en partenaires ou, à défaut, figurer en bonne position parmi les sous-traitants de deuxième rang. Ces points ayant fait l'objet de précédents développements, il ne paraît pas nécessaire d'en traiter à nouveau dans ce chapitre. Il nous paraît préférable d'aborder ici des problèmes d'organisation collective dont la solution dépend tout à la fois de la politique d'aménagement du territoire et de la politique à mener en faveur des PME.

Le cadre le plus approprié pour traiter de ces problèmes paraît être dans la majorité des cas celui du bassin d'emploi. Ce choix est largement inspiré par les exemples fournis par plusieurs autres pays européens, l'Italie plus spécialement. Il fait appel à des notions qui se recoupent, celles de district industriel, de système productif localisé[29], voire de « pays ». Quel que soit le vocable utilisé, il s'agit d'espaces restreints ne dépassant qu'exceptionnellement l'étendue d'un arrondissement de superficie moyenne. Sur ces espaces, on peut souvent constater fréquemment la co-existence d'activités diverses mais ayant pour point commun de se rattacher à une même filière technologique qui assigne aux entreprises locales l'exercice des mêmes métiers ou celui de métiers complémentaires. Par exemple, moulistes et plasturgistes dans la région d'OYONNAX qui a pris le nom de PLASTIC VALLEY. Ou dans d'autres zones orientées vers des activités qui relèvent de la mécanique industrielle, des spécialistes de l'usinage des métaux et des traitements thermiques ou des traitements de surfaces. Pour fixer les idées, nous avons cru bon de présenter en annexes (N° II et III) deux notes portant sur les situations actuelles d'OYONNAX et de la Vallée de l'ARVE, située en Haute Savoie, principal centre français de l'industrie du décolletage. Nous aurions pu citer également parmi les exemples les plus significatifs ceux du Bassin de l'Adour (industrie aéronautique), du Choletais (travail à façon pour l'habillement mais aussi industrie mécanique), du VIMEU en Picardie Maritime (en relation avec ses industries de grosse horlogerie et de robinetterie), de FLERS-TINCHEBRAY dans l'Orne (en relation avec diverses fabrications de matériel agricole). La vitalité de ces sites dépend donc dans une assez large mesure, d'une part, de la présence d'industries d'aval, de l'autre, de l'existence sur place d'activités connexes bien adaptées : productions d'outillages, dépôts de matériels spécialisés et de composants, transports, certains services financiers, assurances, etc.

En fait, le phénomène de district industriel est beaucoup plus répandu en Italie où les cas de réussite sont nombreux et incontestables. Il est notoire que ce pays doit une très large part de sa croissance au dynamisme de ses PME qui sont pourtant pour la plupart de petite ou de très petite dimension. Mais il se trouve que ces PME ont constitué de nombreux groupements portant le nom de consortium qui sont extrêmement actifs. Prenant en charge la prospection collective de leurs adhérents, assurant leur approvisionnement en composants et en demi-

---

[29] En France, des travaux considérables ont été consacrés à l'étude de ces systèmes par l'IREPD (Institut Recherche Economique Production Développement) de GRENOBLE. Ils viennent de donner lieu à la publication chez L'HARMATTAN d'un ouvrage collectif intitulé « Industrie, territoires et politiques publiques » faisant suite à un colloque organisé à GRENOBLE en octobre 1992 sur les rapports entre INDUSTRIE et TERRITOIRE.

produits, ces groupements ont apporté une contribution importante au développement de la sous-traitance et de la co-traitance. Ils ont mis en PME italiennes de conquérir de fortes positions à l'exportation aussi bien comme vendeuses de produits propres que comme sous-traitantes tant dans le travail des métaux que dans les industries d'habillement. Toutefois, leur trop petite taille fait souvent obstacle, même par l'intermédiaire de ces consortium, au maintien à leur profit de liens directs avec les grandes entreprises italiennes. Elles échapperont difficilement à des contraintes de restructuration dont la satisfaction risque de faire perdre à l'économie de nos voisins transalpins une souplesse qui était l'un de ses principaux atouts.

Moins systématique, le phénomène de district revêt cependant une certaine ampleur ; en Espagne[30], au Portugal, dans plusieurs régions de l'Allemagne (Bade-Wurtenberg en particulier) et de la Grande Bretagne (Pays de Galles). En Scandinavie, la notion de district se confond avec celle de zones portuaires. Ce qui est aussi le cas de ports français où des situations similaires associant construction navale, réparation des navires et activités diverses de maintenance se sont créées.

En France, le développement de réseaux denses de relations inter-entreprises dans les zones qui méritent le qualificatif de district industriel est généralement un fait ancien. L'effet de proximité a joué pendant longtemps un rôle primordial dans le développement d'une sous-traitance qui était presque exclusivement une sous-traitance de capacité, exception faite des fabrications d'outillages. Mais il s'agissait presque toujours d'échanges de caractère vertical les entreprises d'une certaine importance avaient coutume, en effet de confier à d'autres, plus petites mais plus spécialisées, des travaux d'usinage ou de façonnage qu'elles pouvaient effectuer à meilleur compte. Mais, si la sous-traitance en chaîne n'est pas une nouveauté, ce qui en est une, c'est le développement des réalisations de sous-ensembles ou de produits complexes jouant un rôle d'intermédiaires obligatoires vis-à-vis des spécialistes de telle ou telle technologie. Ce qui aboutit à la création de sous-réseaux ayant un caractère semi-permanent. Dès lors, la question se pose de savoir s'il ne convient pas de favoriser davantage la constitution de communautés capables de travailler éventuellement en co-traitance,

---

30 L'ouvrage collectif de l'IREPD cité ci-dessus contient notamment une étude approfondie de l'organisation industrielle des systèmes productifs localisées en Espagne effectuée par Madame Maria-Teresa COSTA de l'Université de BARCELONE.

d'organiser une prospection commerciale plus active et d'en réduire les coûts, d'offrir à ses membres une panoplie de services auxquels ils auraient plus difficilement accès en opérant isolément. Il n'est pas tout à fait exact que la proximité des intervenants n'ait plus qu'une importance secondaire quand un projet industriel implique une association de compétences. Certes, le progrès des communications et le raccourcissement des distances qui en est la conséquence ne favorisent pas le maintien des affinités locales et des particularismes culturels. Bien que cela dépende pour beaucoup de la nature des activités en cause. Pourtant, la proximité n'a pas perdu tout intérêt car elle facilite incontestablement l'enchaînement des phases successives d'un processus. Au surplus, le contact humain est presque irremplaçable quand il faut rechercher la cause de graves dysfonctionnements et d'y porter remède. L'exemple du Japon ne montre-t-il pas que l'unité culturelle peut être un élément d'une rare efficacité ? A plus forte raison, si le développement de nouvelles formes de coopération au plan local permet de substituer des relations de co-traitance à la domination exercée par quelques grosses entreprises adoptant parfois des comportements de parrains sur les petits industriels et sur les artisans qui doivent passer par leur intermédiaire pour obtenir du travail, le progrès économique s'accompagne d'un progrès social incontestable.

En toute hypothèse, l'enjeu politique est de première importance. Les zones qui sont les plus directement concernées sont menacées de dépérissement si elles ne passent pas rapidement à des productions plus évoluées et plus complexes. Ce qui n'est pas uniquement affaire de progrès technologique car, dans de nombreux domaines (mise au point des nouveaux procédés, relations de partenariat avec l'ancienne clientèle, élargissement des débouchés, création de moyens logistiques appropriés, mise en place de réseaux interactifs), ce qui est à faire n'est pas à la portée d'entrepreneurs isolés.

II – *Nouvelles implantations*

Il semble souhaitable de mettre l'accent sur :

A) *L'essor des usines de proximité*

Au début des années 1970, économistes, sociologues et aménageurs du Territoire accordèrent un grand crédit à l'idée qu'il était possible de construire des politiques de développement régional en jouant sur l'effet de polarisation résultant de la création d'une grande variétés de PME sous-traitantes ou prestataires de services autour de quelques grands établissements ou même d'un seul. L'implantation de l'usine IBM de MONTPELLIER qui avait été suivie de la création ou de la décentralisation en Languedoc d'activités de sous-traitance représentant plus d'un millier d'emplois fut citée en exemple[31]. L'on s'efforça aussi d'encourager l'essaimage, c'est-à-dire la création d'ateliers de sous-traitance par des cadres, des agents de maîtrise ou même de simples professionnels hautement qualifiés appartenant au personnel de gros établissements. Auxquels l'entreprise essaimante garantissait pendant plusieurs années un volume suffisant de commandes pour lui laisser le temps d'acquérir son autonomie commerciale. Des résultats parfois positifs furent obtenus grâce à la réalisation de divers projets fondés au moins en partie sur cette idée de polarisation. Mais ce phénomène multiplicateur perdit une grande partie de son intensité au fur et à mesure que la sous-traitance de spécialité prenait de l'importance au détriment de la sous-traitance de capacité. Les considérations de proximité entraient peu en ligne de compte dès lors que le choix portait sur le meilleur savoir-faire proposé par le mieux disant. Sauf si le poids, où le volume des composants entraînaient des frais de transport excessifs ou bien encore si des difficultés de parcours pouvaient compromettre la régularité des approvisionnements. Néanmoins l'effet de polarisation subsiste ; mais, désormais, il se manifeste beaucoup plus à l'égard des activités de services, maintenant gérées en externe, que des activités manufacturières proprement dites.

Faut-il considérer que la vogue actuelle des systèmes Juste-à-temps impose aux fournisseurs des contraintes qui redonnent toute son importance à l'effet de proximité ? La réponse ne peut être que nuancée. Seul, le fonctionnement en synchrone exige la création d'un atelier de sous-assemblage ou d'un centre de stockage de courte durée sur un site très

---

31 L'échec de BARI-TARENTE et, dans une certaine mesure, celui de FOS qui ne réussit pas davantage à attirer une masse importante d'industrie d'aval furent imputés au fait qu'il est moins coûteux de transporter des produits sidérurgiques à l'état brut que des produits transformés. Pourtant, la création apparemment réussie de l'usine FIAT de MELFI en Italie du Sud semble plaider en faveur de la constitution de « grappes » d'entreprises fonctionnant en flux tendus avec un leader assumant des responsabilités d'ensemblier. Autre exemple : celui de l'usine créée par VOLKSWAGEN au Brésil où cette firme n'assure plus que l'organisation et le contrôle de la production.

proche de l'endroit où se trouve l'établissement récepteur. Les composants à assembler peuvent être produits sur des sites plus éloignés ou même être importés. En France, les établissements relais sont implantés généralement à une faible distance des usines de montage à desservir mais non pas à proximité immédiate de celles-ci. Le choix se porte de préférence sur des zones rurales traversées par des autoroutes ou des voies rapides. Autour de ces établissements relais, l'effet d'essaimage est peu sensible et ne joue donc que pour certaines activités de service. Il existe aussi des contraintes de localisation en cas d'utilisation du système KANBAN ou de systèmes similaires. Mais ces contraintes ne vont pas jusqu'à imposer les mêmes exigences de proximité. Elles portent surtout sur l'existence de transports rapides quelles que soient les conditions climatiques. En fait, on assiste souvent au choix d'un site permettant de desservir commodément deux ou plusieurs donneurs d'ordres. Par exemple, Peugeot-Poissy et Renault-Flins ou Sandouville.

Nous avons déjà signalé au chapitre VI la création d'établissements de proximité dans le cadre même de la zone SOCHAUX-MONTBELIARD, à proximité des usines PEUGEOT ; mais cela paraît être une exception par rapport à la règle. Tout comme il semble permis de considérer comme un cas particulier la zone de sous-traitance rapprochée aménagée à SAINT NAZAIRE par les Chantiers de l'Atlantique.

B) *Sous-traitance et pôles de hautes technologies*

Ce chapitre ne saurait être clos sans qu'il soit fait état de l'apparition progressive d'une nouvelle génération de systèmes productifs localisés liés au développement des technologies émergentes. L'archétype en est en France, plus encore que SOPHIA-ANTIPOLIS, la Zone Industrielle de Recherches Scientifiques et Techniques (ZIRST) de GRENOBLE-MEYLHAN. Il est à souhaiter que, sur les zones ayant une telle vocation, que sur des sites très proches, une place convenable soit réservée à l'intention d'entreprises qui seraient prêtes à se spécialiser dans une coopération avec des inventeurs désireux de mettre au point l'industrialisation de leurs innovations, lancer des pré-séries et fabriquer des produits inédits pendant une période de démarrage. Avec des accords qui pourraient être soit de risque partagé (joint venture), soit de sous-traitance[32].

---
32 Pourrait-être aussi envisagé le montage d'opérations de co-traitance. En particulier s'il faut associer savoir-faire électronique ou informatique et savoir-faire mécanicien.

Coopération qui est pratique courante aux USA dans la Silicon Valley. Nous insisterons encore plus sur l'importance que devrait revêtir la relation innovation-sous-traitance dans le cadre du chapitre XII qui s'efforce de proposer des axes stratégiques tenant compte précisément de cet avènement des nouvelles technologies qui marque l'entrée dans le 21e siècle. Mais il est clair que nous abordons ici un très vaste sujet dont l'approfondissement sort du cadre de cet ouvrage.

XI

DE L'INTERNALISATION A LA MONDIALISATION

La recherche de débouchés extérieurs tint pendant longtemps, sauf exceptions, une place très marginale parmi les préoccupations des industriels français qui ne travaillaient qu'en sous-traitance. Pour se laver de tout reproche, ils se contentaient d'affirmer qu'ils exportaient à travers les produits finis de leurs donneurs d'ordres. Justification jugée peu convaincante en économie concurrentielle. Pourtant, il ne pouvait en être autrement à une époque où les relations avec ces donneurs d'ordres se plaçaient généralement sous le signe d'une sous-traitance de capacité tournée exclusivement vers la satisfaction des besoins du marché intérieur. Seule exception notable, l'industrie du décolletage de Haute Savoie (Cf. annexe II), parce qu'elle s'était en quelque sorte greffée sur l'industrie horlogère qui était elle-même une industrie transfrontalière. Le recours dans une mesure croissante à la sous-traitance de spécialité provoqua certaines prises de conscience. Quelques réalisations soutenues par le Ministère de l'industrie, des organisations professionnelles ou des Chambres de commerce et d'Industrie y contribuèrent. En particulier, la création d'une antenne spécialisée de la Fédération des Industries Mécaniques à DUSSELDORF démontra qu'il n'y avait pas lieu de considérer une tentative de pénétration sur le marché allemand comme une mission impossible. Le Centre Français du Commerce Extérieur édita en 1982 et réédita en 1986 dans une version améliorée, avec le concours du Ministère sus-nommé, un Guide du Sous-traitant Exportateur dont une grande partie est encore d'actualité.

D'une manière très progressive, il est apparu que, dans le cas des sous-traitants, l'accroissement du chiffre d'affaires et la saturation de l'outil de travail n'étaient pas les seuls objectifs d'une activité exportatrice. Il s'agissait autant sinon plus de répondre à des nécessités spécifiques. D'une part, l'obligation de diversifier la clientèle pour répondre aux desiderata des donneurs d'ordres français, généralement en petit nombre dans un secteur déterminé mais tenant beaucoup à ne pas rendre leurs fournisseurs trop étroitement tributaires de leurs propres commandes. D'autre part, l'existence de savoir-faire « pointus » ; dont la valorisation n'était possible qu'au prix d'un élargissement considérable des dimensions du marché initial. Pour des raisons aisément compréhensibles, l'émergence du partenariat ne pouvait qu'accentuer cette tendance à l'engagement de stratégies se plaçant désormais à l'échelle internationale. Contrairement à leurs consœurs japonaises, les grandes compagnies françaises ont évité dans toute la mesure du possible de se trouver en situation de donneur d'ordres quasi-exclusif vis-à-vis de certains sous-traitants et notamment de PMI gravitant dans leur environnement géographique. Elles ont toujours refusé d'assumer à part entière le destin d'entreprises situées dans des zones où la rupture des transactions pouvait avoir des conséquences dramatiques. L'octroi du statut de partenaire ne pouvait donc qu'être lié à l'engagement par les bénéficiaires de diversifier leur clientèle. Or, cette diversification impliquait une prospection active des marchés étrangers, le cas échéant avec le concours des services assurant la présence sur ces marchés de leurs propres clients. L'évolution du partenariat, qui s'accompagne maintenant du passage fréquent à la source unique d'approvisionnement, fait obligation au partenaire de premier rang de posséder les moyens nécessaires pour accompagner le chef de file du réseau dans les pays où il se dote de plate-formes industrielles. Ou d'acquérir très rapidement ces moyens. Il en sera question plus amplement dans la 2e partie de ce chapitre.

Mis en présence de cette obligation d'accompagnement, le preneur d'ordres ne doit pas seulement être capable d'exporter. Il doit apprendre, si cela n'a déjà été fait, à *s'exporter*. Pour être en mesure de livrer en Juste-à-temps, il doit disposer d'un centre de stockage et/ou d'un atelier de sous-assemblage à proximité de l'établissement à approvisionner. A plus forte raison, cette obligation de présence locale conditionne souvent, et très fortement, la création de liens structurels avec les grands donneurs d'ordres ayant la nationalité du pays en cause.

D'une manière plus générale, le fait d'être soi-même producteur dans un pays déterminé, même si ce n'est pas dans le cadre d'une politique de délocalisation délibérée facilite considérablement une percée exportatrice. Une telle présence fournit, en effet, des informations qu'il est difficile de se procurer autrement sur les conditions de production et le coût des productions locales ainsi que sur la nature exacte des besoins à desservir. Elle permet aussi d'effectuer dans de meilleures conditions la réparation ou le remplacement d'éléments déficients que l'exportateur n'aura pas à réaliser au prix d'un rapatriement dans une usine-mère si ces éléments ne sont pas disponibles sur place.

Enfin, l'existence d'une production locale peut être un bon argument de vente, même s'il ne s'agit pas, à proprement parler, de biens de consommation.

On sait aussi que, dans de nombreux pays d'accueil, la bienveillance des Pouvoirs Publics est réservée aux exportateurs étrangers qui sont aussi investisseurs. L'accès à la clientèle de nombreux pays qui ne sont pas tous à faible niveau de vie est subordonné à la réalisation d'investissements productifs sur leurs territoires. Enfin, l'alliance avec une entreprise locale, dans le cadre d'une joint venture ou par création d'une filiale commune, ouvre généralement de bien meilleures perspectives que la réalisation d'un simple investissement commercial en terre plus ou moins connue. Mais ceci conduit à attacher une importance particulière au choix du partenaire local qui doit intervenir sans qu'il y ait sous-estimation des risques d'échec. On doit signaler à cet égard que le dynamisme des PME allemandes exportatrices est très largement dû à la possibilité de prendre appui dans beaucoup de pays sur de nombreux compatriotes connaissant bien les milieux économiques locaux et capables de contribuer à la création d'une excellente logistique grâce à la qualité de leurs relations d'affaires.

I - *LE DEVELOPPEMENT DES ECHANGES DANS LE CADRE EUROPEEN*

Les efforts de pénétration des sous-traitants français se sont tout naturellement orientés en priorité vers les marchés européens dont l'accès était facilité par leur proximité. En particulier, ils bénéficièrent assez largement des difficultés rencontrées par les industriels allemands pour couvrir l'ensemble des besoins qui se manifestèrent à la suite de la réunification. Cette période un peu euphorique fut suivie pendant les années 1992 et 1993 d'une phase de stagnation, voire de régression, l'Allemagne comme la France connaissant une conjoncture moins favorable. Il semble que l'on se trouve maintenant sur le plan européen dans une nouvelle phase, propice au resserrement des liens existants et même à l'engagement de nouvelles coopération mais dans des conditions qui seront de plus en plus sélectives.

Parmi les autres pays européens, ceux du Benelux se sont, eux aussi, ouverts dans une mesure appréciable aux entreprises françaises prenant des marchés en sous-traitance. Dans les autres grands pays de l'Europe (Grande-Bretagne, Espagne, Italie) et dans les pays scandinaves, les firmes françaises assurent surtout l'approvisionnement d'usines créées par nos propres grands donneurs d'ordres, notamment dans le domaine de l'industrie automobile. Mais, en dépit des efforts de participation très méritoires réalisés dans des salons tels que SUBCON (BIRMINGHAM) ou SUBCONTRACTOR (JONJKOPING), l'approche de ces différents marchés est rendue difficile en raison du caractère très compétitif de la concurrence qui est à la fois locale et internationale. En Suisse, les relations de sous-traitance les plus actives sont surtout orientées vers des clients situés dans des régions francophones[33] où les relations, favorisées par l'effet de proximité, sont plus faciles à entretenir qu'avec les régions alémaniques.

Le développement de coopérations entre zones limitrophes, telles que celle qui a donné naissance à l'ensemble SARLORLUX (Sarre, Lorraine, Luxembourg) a suscité de grands espoirs. Il est permis de s'interroger sur leur portée réelle mais celle-ci ne peut être exclusivement appréciée en fonction de l'accroissement des transactions dont la cause principale réside sans doute dans la suppression de la plupart des obstacles aux échanges à l'intérieur de la Communauté et maintenant de l'Union Européenne. En revanche, ce qui semble certain, c'est que les coopérations de cette nature permettent à des industriels de pays différents de mieux se connaître et parfois d'effectuer des rapprochements structurels notamment par création de filiales communes.

*

* *

Bien qu'elle soit loin d'être achevée, et avant même l'institution de l'Euro, la création d'un véritable marché européen est déjà en bonne voie.

---

[33] Parmi les sous-traitants interrogés par l'Usine Nouvelle (N° 2572 - 28 novembre 1996), l'Allemagne vient en tête avec 64 % des réponses. Sont ensuite cités : la Belgique (29,3 %), l'Espagne (25,7 %), la Grande-Bretagne (23,9 %), l'Italie (15,9 %) et les Pays-Bas (12,2 %).

En particulier, les mesures qui sont intervenues au niveau communautaire le 1er janvier 1993 ont permis de supprimer nombre d'entraves techniques et de faciliter considérablement la circulation des marchandises. On imagine aisément ce que représente pour des firmes soumises à des délais très impératifs la suppression des attentes en douane. Plus généralement, l'effet d'annonce produit par la signature de l'Acte Unique a incité les entreprises les plus dynamiques des pays concernés à opter pour des stratégies praticables à l'échelle européenne. Ce qui a impliqué en tout premier lieu le renforcement de leurs structures commerciales et un accroissement de leurs moyens de prospection.

L'effort poursuivi dans le domaine de l'harmonisation des procédures d'assurance qualité par le biais de la normalisation contribue également à l'internationalisation des marchés sur le plan européen. Les grands groupes ont, en effet, des exigences identiques ou tout au moins peu différentes lorsqu'il s'agit d'apprécier le niveau de qualité offert par un fournisseur.

Les deux dernières décennies ont été marquées par une amélioration considérable de l'efficacité et une plus grande variété des outils commerciaux mis à la disposition des vendeurs de savoir-faire. Il y a lieu de mettre plus spécialement l'accent sur l'essor des salons à vocation internationale tels que le MIDEST et la Foire de HANOVRE qui comporte une section spécialisée dans la sous-traitance. Mais les sous-traitants peuvent aussi trouver place dans des salons propres à certains secteurs, en particulier dans le domaine des équipements automobiles et aéronautiques et dans celui de la construction navale ou bien encore dans ceux qui se consacrent à l'exposition de produits de l'électronique ou de la plasturgie. On trouvera à l'annexe IV la liste des manifestations de sous-traitance dont l'organisation est prévue en 1997 qui figure en tête du catalogue dressé par le Réseau International des Organismes de Sous-traitance (RIOST)

L'expansion des échanges intra-européens est fortement stimulée par le rapprochement des mentalités et la similitude des modes de travail. Les progrès réalisés ne sont pas seulement imputables à la mise en œuvre des mêmes principes en matière d'assurance qualité. Deux autres facteurs jouent un rôle essentiel dans l'européanisation. D'une part, la constitution de vastes réseaux multinationaux sous l'égide des compagnies qui sont en position de chefs de file sur ces marchés ; d'autre part, la libre circulation des personnes qui incite, même au niveau des entreprises moyennes, à rechercher les cadres et les spécialistes les plus compétents sans trop se préoccuper des considérations de nationalité.

On peut considérer que, dans l'ensemble, cette évolution a été très bénéfique pour les industriels français. En dépit de la subsistance de certaines idées reçues, ils passent certainement pour plus sérieux qu'il y a une vingtaine d'années. Notamment sur le plan des délais de livraison où ils font preuve de beaucoup plus de rigueur, même si tout n'est pas toujours parfait. Bien entendu, ce n'est pas une raison pour lancer des cocoricos. Les incidents de parcours sont encore trop fréquents. A tort ou à raison, ils sont souvent attribués au fait que nos compatriotes n'ont pas les qualités dont leurs homologues allemands font preuve sur le plan de l'organisation. Il reste donc nécessaire d'accomplir des progrès réels pour mettre fin définitivement à cette réputation qui perdure.

Un dernier élément contribue aussi à renforcer la cohésion du marché européen. C'est l'accès des pays les moins développés à des niveaux de compétitivité comparables à ceux des pays les plus avancés de l'Union Européenne. L'Irlande, le Portugal et, à un moindre degré, la Grèce ont accompli des progrès remarquables au cours des dernières années, tant sur le plan de la productivité que sur celui de l'innovation technologique, le cas du Portugal est assurément le plus significatif. Le pourcentage de ses établissements classés en catégorie A par nos constructeurs automobiles se rapproche progressivement de celui qui est enregistré pour les fournisseurs français. En revanche, les écarts de salaires dont bénéficient les industriels portugais ne se résorbent que lentement.

A l'heure actuelle, la sous-traitance industrielle européenne stricto sensu doit représenter un chiffre d'affaires dépassant assez sensiblement le milliards de francs. Il était, en effet, de 900 mns F en 1990 selon des estimations fournies par l'Usine Nouvelle qui proposait aussi la répartition suivante :

- Allemagne 306
- France 195
- Royaume Uni 113
- Italie 95
- Autres pays 190 à 200

En fait, l'absence de statistiques fiables et comportant le même niveau de précision pour tous les pays de l'U.E. donne un caractère très approximatif aux chiffres ci-dessus bien qu'ils expriment une répartition en pourcentage qui paraît être assez proche de la réalité. Ce qui semble certain, c'est que dans la voie de l'intégration de leurs marchés nationaux, le stade le plus avancé est atteint par l'ensemble constitué par l'Allemagne, la France, la Grande-Bretagne et les pays du Benelux... Les pays du Sud ont peu de relations entre eux. Ils subissent l'attraction de l'Europe du Nord. La Grande-Bretagne et l'Irlande sont partagées entre leurs vocations européennes et l'attraction exercée par les Etats-Unis et le Canada conformément à une tradition atlantique à laquelle elles restent fidèles.

On ne saurait conclure la première partie de ce chapitre sans évoquer les efforts entre pris pour ébaucher une politique communautaire dans le domaine de la sous-traitance et sans consacrer un ultime paragraphe l'action du Réseau International des Organismes de Sous-traitance, le R.I.O.S.T., dont l'objectif général est de favoriser l'interpénétration des marchés en prenant des initiatives qui permettent à ses adhérents de mieux se connaître et, le cas échéant, de s'associer pour gérer des programmes d'intérêt commun.

A) En règle générale, les problèmes relatifs au développement de la sous-traitance et du partenariat inter-entreprises ont été suivis à BRUXELLES jusqu'à présent par la Direction Générale XXIII de la Commission qui est responsable des PME. Ils sont traités dans le cadre de cette direction par le Bureau de Rapprochement des Entreprises. La sous-traitance peut aussi intéresser d'autres directions selon la nature de ces problèmes, notamment la DG I s'ils ont un caractère international et la DG III lorsqu'ils concernent un secteur déterminé et doivent donc être abordés en tenant compte de considérations de politique industrielle spécifique. EUROSTAT, l'Office statistique de la Commission joue également un rôle dont l'importance va croissant en raison de l'effort qu'il a entrepris pour amener les pays membres à adopter des concepts et des méthodes qui rendent possible un regroupement statistique au niveau de l'ensemble européen.

Parmi les actions les plus notables à mettre à l'actif de la DG XXIII, il y a lieu de citer :

– la mise au point de nomenclatures d'activités concernant les secteurs où la pratique de la sous-traitance connaît un grand développement.

– l'établissement d'un guide contractuel à usage européen.

–l'aide apportée à la réalisation de diverses opérations pilotes lancées au profit de zones ou de régions connaissant de graves difficultés d'emplois, les encouragements apportés à la création du RIOST et le soutien de certaines de ses initiatives.

– les concours apportés, soit dans le cadre de programmes généraux gérés par d'autres directions, soit par ses moyens propres, à des opérations favorisant le développement de la sous-traitance dans des pays non européens, en particulier en Amérique Latine (programme AL-invest géré par le RIOST) et dans des pays méditerrannéens.

– enfin et surtout, la préparation de différentes résolutions du Conseil dont la plus importante, en date du 26 septembre 1989, a mis plus spécialement l'accent sur la création d'un environnement favorable à la sous-traitance, l'amélioration de l'information et de la communication entre preneurs et donneurs d'ordres, la promotion de la sous-traitance européenne auprès d'investisseurs étrangers. Orientations qui furent confirmées au cours d'un colloque organisé par la DG XXIII en décembre 1992 à MADRID, et, plus récemment dans le cadre de la communication de la Commission du 23 juin 1994 concernant un programme intégré en faveur des PME et de l'Artisanat.

Bien que certaines tentatives antérieures n'aient pas donné des résultats très concluants, l'opportunité de créer un vaste système d'échange d'informations et de mises en rapport au niveau européen mérite d'être considérée, l'essor d'Internet constituant un fait nouveau. Il est évident que, dans ce domaine comme dans beaucoup d'autres, les Etats Européens auraient intérêt à adopter une politique intégrée plutôt que d'agir en ordre dispersé. Mais on peut penser aussi que, sans brusquer les étapes, il vaudrait mieux faciliter l'interconnexion des réseaux existants dans la plupart des pays européens grâce à la création ou au renforcement de centres de services capables d'offrir à toutes les entreprises ressortissant de l'Union les mêmes prestations.

B) Le RIOST. Présidé actuellement par Ludovico FULCI, de l'Institut Italien du Commerce Extérieur, et dirigé depuis l'origine par un délégué général-français. Jean-GERMANO, ce réseau regroupe, en effet, une quarantaine d'organismes de nationalités différentes, plusieurs organismes adhérents étant situés, soit dans l'Europe de l'Est, soit dans des pays non européens. La part qu'il a prise à la réalisation d'un répertoire des salons de sous-traitance européens. Il a participé activement à l'établissement de nouvelles nomenclatures d'activités communautaires et au programme SCAN[34]. Il s'est surtout consacré en 1996 à la mise en œuvre d'un programme de rencontres internationales qui se sont tenues successivement à PAU, à LYON et à BOLOGNE, une rencontre précédente ayant eu lieu en décembre 1995 à BORDENONE en Italie. Chacune de ces rencontres a donné lieu à l'approfondissement d'un thème déterminé avec participation de nombreux industriels de la région, visitée. A partir des réflexions qui, selon les animateurs du RIOST, ont permis de mettre en lumière « les nouveaux enjeux de la sous-traitance, cet organisme souhaite s'impliquer davantage dans la mise au point des systèmes d'information et de mise en relation qui pourront se créer dans un cadre plus large que celui d'un espace national. Dans un ordre d'idées très voisin, le RIOST manifeste l'intention de constituer un réseau d'experts capables d'aborder les questions relatives à l'évolution de la sous-traitance et plus généralement au développement des pratiques d'externalisation. Ce réseau serait composé, par engagements personnels, de représentants d'organismes intermédiaires, de consultants, de journalistes spécialisés, d'universitaires. Il réunirait ainsi un potentiel lui permettant d'élaborer dans un véritable laboratoire des réponses aux différents défis économiques et techniques auxquels vont être confrontés les professionnels impliqués dans des relations de sous-traitance ou de partenariat.

II - *PARTENARIAT, SOUS-TRAITANCE ET MONDIALISATION*

Ce thème ne peut être abordé sérieusement sans avoir constamment le souci de distinguer autant que faire se peut ce qui relève du simple effet de mode et ce qui, dès à présent, correspond vraisemblablement à des tendances profondes. Sous cette réserve, on peut affirmer, sans prendre de trop grands risques, que l'effet d'accélération produit par

---

34 Le programme SCAN se propose d'organiser la concertation et, dans la mesure du possible, la comptabilité des banques de données constituées à l'initiative de la Commission ou avec son concours dans toute une série de domaines connexes.

l'existence de moyens de communication et de télécommunication infiniment plus performants que les moyens actuels sera considérable et qu'il bouleversera profondément l'économie des relations inter-entreprises. Mais faut-il en conclure qu'il réduira le facteur « distance » à un rôle tout à fait marginal ?

Dans l'immédiat, il apparaît que les PME sous-traitantes ne sont encore concernées que dans des mesures très variables par ce phénomène de mondialisation qui atteint un nombre croissant de secteurs économiques. Leur degré d'implication dépend de leur taille, de la nature de leurs activités et, bien entendu, de leur localisation. Pour beaucoup, il semble futuriste de leur parler de mondialisation alors que le marché européen, en ce qui les concerne, est encore loin d'avoir achevé son unification.

C'est la raison pour laquelle les développements qui suivent s'efforcent d'éviter tout ce qui pourrait prendre l'allure d'une disgression de portée générale. On essaiera plutôt de mettre l'accent sur les problèmes sectoriels qui sont déjà d'une acuité particulière et sur les types de réponse qui peuvent permettre aux PME de l'Union Européenne de ne pas être submergées si elles ont à subir les effets de la mondialisation.

A) *Les effets de la mondialisation sur l'attitude des grands secteurs donneurs d'ordres.*

Le cas de la construction automobile est sans aucun doute le plus typique. Les stratégies des principaux constructeurs manifestent toutes une volonté de présence sur les grandes zones continentales existantes ou en voie de construction, plus particulièrement : les deux Amériques, l'Europe, l'ensemble Sud-Est asiatique-Océanie, la Chine, le sous-continent indien, les membres de l'ex-Union Soviétique. Grosso modo, ces stratégies sont de deux types. L'une, pratiquée notamment par Ford avec la Mondeo, se fonde sur la conception d'un modèle destiné à être produit à l'échelle mondiale avec éventuellement adaptation aux caractéristiques de tel ou tel marché. L'autre se fonde sur la mise au point, directement ou par l'intermédiaire de leurs filiales, de véhicules conçus en fonction des demandes propres à des zones déterminées (exemple : Général Motors). Les stratégies de la première catégorie sont plus propices à la globalisation des achats. Celles de la deuxième catégorie autorisent plus de souplesse mais sans conduire pour autant à négliger les opportunités existant sur l'ensemble du marché mondial. En France, la filiale d'approvisionnement de PSA, la SOGEDAC, n'effectue pas encore beaucoup d'achats hors d'Europe et, pour l'essentiel, ceux-ci entrent dans le cadre d'opérations de compensation (Cf encadré page 12). En revanche, elle exerce de fortes pressions sur ses fournisseurs français pour les amener à s'impliquer dans les opérations de grande ampleur que son groupe a entrepris de réaliser en Chine et en Inde. A terme, il se pourrait que, pour ces grands projets, on assiste à la constitution de panels de 300 à 350 fournisseurs locaux mais avec le concours de 80 à 100 fournisseurs habituels de PSA, français pour la plupart, de nombreux cas d'intégration étant à prévoir.

Qu'il y ait ou non mondialisation des modèles, la mondialisation de l'activité des fournisseurs est en train de devenir une condition sine qua non du partenariat dans l'industrie automobile car elle permet de restreindre la diffusion des informations confidentielles, d'obtenir un niveau de qualité relativement homogène d'un site à l'autre, de gérer convenablement des systèmes Juste-à-temps, de répondre positivement aux besoins de création d'emplois exprimés par le pays d'accueil sans aléas excessifs. Malheureusement, elle met hors de course les PME qui, même regroupées, ne disposent pas des personnels et des capitaux nécessaires pour pouvoir opérer loin de leurs bases dans de telles conditions.

Si la gamme produite sur l'un des marchés où le groupe est implanté n'est pas une gamme mondiale, la pratique de la source unique connaît des limites. Il faut, en effet, que l'organe ou l'équipement en cause puisse être monté sur des véhicules aux caractéristiques différents, ce qui suppose qu'il puisse faire l'objet d'une certaine banalisation. En fait la pratique de la source unique cesse d'être protectrice pour les fournisseurs nationaux au fur et à mesure que, sur la base des critères « prix », « performances », « qualité », les spécialistes du marketing achat parviennent à détecter les meilleures opportunités sur l'ensemble du marché mondiale. Etant observé qu'ils se doivent d'attacher autant d'importance aux coûts de transaction qu'aux propositions de prix offertes par des fournisseurs lointains et non encore mis à l'épreuve. On constate aussi que, dans ce nouveau contexte, le rôle des systèmes d'information et des banques de données gérés par des organismes tiers est appelé à prendre une importance qui n'était pas reconnue précédemment car leurs objectifs de promotion les prédisposent à l'application des technologies multimédia.

Dans le domaine de l'informatique, la mondialisation est devenue rapidement un fait accompli pour les composants standardisés. A telle enseigne que certains constructeurs japonais exigent de leurs fournisseurs européens qu'ils se procurent ces composants, soit au Japon lui-même, soit à SINGAPOUR chez des courtiers agréés, habilités à certifier la qualité de leurs marchandises. Le mouvement est plus lent pour les composants réalisés à la demande, étant observé que, dans le cas d'IBM et sans doute aussi dans celui d'autres groupes, les achats de pièces et sous-ensembles spécifiques sont généralement réalisés par les usines les plus grosses consommatrices qui en assument la redistribution partielle au profit des établissements de moindre importance. Le tout étant placé sous la responsabilité d'un centre qui détermine la stratégie des achats à l'échelle internationale et vérifie la bonne application des procédures d'assurance qualité. Tel est effectivement le rôle du COMPEC créé par IBM à BORDEAUX dont les agréments sont valables pour toutes les usines européennes du groupe. Il va de soi, dans le cas d'IBM qui a été l'un des pionniers en matière d'échange de données informatiques, que la pratique de l'EDI est obligatoire pour les fournisseurs importants car ils sont tenus de livrer en flux tendus, même s'ils occupent des sites très éloignés des usines utilisatrices. C'est précisément l'EDI qui leur permet de connaître les besoins de ces usines avec des délais suffisants pour tenir compte des temps de transport.

Dans l'industrie aéronautique, le jeu des coopérations, compensations et impositions de parts locales avait fait depuis longtemps une réalité de la mondialisation pour les producteurs de cellules et de moteurs. Une concurrence de plus en plus âpre oblige désormais les principaux producteurs d'équipements à rechercher des débouchés sur l'ensemble du marché mondial, les avionneurs ayant totalement cessé de privilégier leurs fournisseurs nationaux sauf cas très particuliers. La diversification des zones d'achat tend à réduire une part résiduelle le recours à des sous-traitants bénéficiant du double avantage de leur proximité et de la faiblesse relative de leurs taux horaires. Ils se verront confier de moins en moins souvent la réalisation d'éléments n'exigeant pas l'emploi d'outillages exceptionnels ou l'appel à des technologies encore difficiles à maîtriser. La menace qui pèse sur cette sous-traitance, indépendamment de la crise structurelle qui frappe l'aéronautique militaire et dont elle subit les répercussions, ne résulte pas seulement de l'obligation pour leurs donneurs d'ordres d'incorporer dans leurs modèles davantage d'éléments produits dans des pays clients. Les constructeurs d'aéronefs s'efforcent aussi de tirer parti des capacités qui se sont créées dans certains pays nouvellement industrialisés dont les offres sont très compétitives. BOEING en a donné l'exemple ; il effectue maintenant régulièrement des achats en Corée du Sud hors compensation.

Il existe aussi des besoins d'intégration locale en Argentine, en Iran, en Egypte, en Slovénie et, à moindre degré, en Pologne et au Pakistan.

Les 15 % du budget correspondant aux importations sont effectués pour 12 % en Europe et 3 % hors d'Europe sur lesquels 2 %, soit 1,2 Mds frs sont liés à des compensations. A terme, les compensations pourraient représenter 10 % du budget total.

DEUX EXEMPLES DE STRATEGIES PRATIQUEES A L'ECHELLE MONDIALE PAR DES CONSTRUCTEURS AUTOMOBILES :

1er exemple : LA STRATEGIE FORD 2000[a]

Pour rester le premier constructeur mondial « tant pour la qualité que pour les autres motifs de satisfaction de la clientèle », FORD s'est donné pour objectif d'aboutir d'ici l'an 2000 à une réduction totale du coût d'acquisition de ses véhicules, par la globalisation des achats, la simplification des procédures et la diminution des frais de mise à utilisation. Il est prévu aussi de réduire de 50 % la valeur des stocks en inventaire. Ne pourront rester ou devenir fournisseurs de FORD que les entreprises ayant atteint, six mois au plus tard après l'audit d'agrément la note la plus élevée de la norme qualité, le Q1, ou l'ayant conservée. Dans le cas de l'usine de BORDEAUX (« Division mécanique européenne » de FORD), la proximité n'est pas privilégiée et les origines géographiques de FORD sont déjà largement diversifiées à l'échelle européenne.

a. Informations données par Mr Bernard MEZIANI (FORD Bordeaux) lors des Rencotres Internationales de PAU le 18 janvier 1996.

> 2ᵉ *exemple : LE CAS DE LA SOGEDAC* [a]
>
> *Le budget d'achat de la SOGEDAC est réalisé à 85 % avec des unités de production basées en France ; mais 55 % seulement de ces achats sont effectués avec des fournisseurs dont le capital est contrôlé par des intérêts français. En fait, cette part se réduit à 35 % si l'on exclut les achats de matières premières et les achats de transformation de type capacitaire sans véritable know how technologique. Faiblesse attribuée au fait que « mis à part, les vitrages, la plasturgie, les pneumatiques et d'autres branches où des français sont leaders mondiaux, il n'existe, dans l'équipement automobile, qu'un petit nombre de pôles français essentiels. » En comparaison, on constate une arrivée massive sur le marché européen d'équipementiers américains.*
>
> *En Chine, 85 fournisseurs de la SOGEDAC ont déjà conclu 105 accords avec des partenaires locaux. En Inde, une centaine de fournisseurs au total devraient se trouver impliqués. Parmi ceux-ci, tous ne sont pas de très grands fournisseurs. Certains n'ont qu'un chiffre d'affaires compris entre 300 et 500 Mns de Frs.*

a. Entretien avec Monsieur Hervé GUYOT, directeur de la division industrielle de SOGEDAC (groupe PSA) - « L'information du véhicule » - N° 211 novembre-décembre 1994)

B / La mondialisation doit-elle être perçue comme une menace ou un challenge par les sous-traitants européens ?

Les constats effectués ci-dessus peuvent conduire à des conclusions un peu simplistes. Par exemple, à considérer que les industries de métier existant dans les pays anciennement industrialisés devront se résigner progressivement à n'effectuer que des tâches dites de « haut de gamme » exigeant une très grande technicité et une main-d'œuvre extrêmement qualifiée. A notre avis, ce n'est qu'une illusion. Les pays nouvellement industrialisés et ceux qui mériteront bientôt cette appellation ne se contenteront nullement du « bas de gamme ». Ils disposent déjà ou disposeront très rapidement de cadres et de techniciens tout aussi bien formés qu'en Occident. Ce qui ne signifie pas qu'ils atteindront très vite le même niveau de productivité, la main-d'œuvre de base ayant encore à faire l'apprentissage du travail manufacturier. En toute hypothèse, le prix n'est pas le seul critère de choix et il existe bien des raisons de penser que, s'il y a menace, elle pourra être conjurée par les entreprises qui offriront les meilleures garanties sur le plan de la qualité et se monteront les plus créatives.

Il convient aussi, tout en restant lucide, de considérer la mondialisation comme un challenge. En ce qui concerne les industries françaises de sous-traitance, on peut estimer qu'elles occupent pour la plupart des places honorables sur le plan européen. Mais il est certain qu'elles pourraient faire mieux si les industriels acceptaient davantage l'idée de s'organiser collectivement. C'est l'une des raisons qui rendent extrêmement souhaitable la constitution d'un plus grand nombre de pôles régionaux organisés tant pour développer la co-traitance que permettre la « chasse en meute » à l'exportation (Cf. chapitre X).

En ce qui concerne la participation aux échanges transcontinentaux, la principale faiblesse française est bien connue. Il s'agit du trop petit nombre de ces entreprises que l'on a coutume de qualifier de « grosses moyennes ». Entendons par là celles qui sont en mesure de s'impliquer avec des moyens crédibles sur des marchés lointains, des marchés où l'exportateur se doit d'être investisseur pour réussir. Qu'elles travaillent ou non en sous-traitance, les entreprises productrices de biens spécifiques françaises ne sont pas seules à souffrir de cette faiblesse que l'on peut aussi déplorer pour les producteurs de biens de consommation. La poursuite des efforts de restructuration en cours et, dans une moindre mesure, la constitution de groupements organisés de façon crédible devraient permettre d'y remédier. Nous nous contenterons d'observer que, dans les deux cas, le succès dépend d'une condition qui n'est encore qu'imparfaitement réalisée : l'apprentissage au stade de la formation initiale d'une aggressivité commerciale qui est, pour ainsi dire instinctive dans les pays qui, plus que la France, portent la trace d'une forte tradition marchande.

Quant au choix à effectuer entre investissement direct ou association avec des partenaires locaux, il va de soi que l'analyse des options stratégiques possibles, que nous essayerons d'effectuer au 12e et dernier chapitre ne manquera pas de souligner la nécessité de bien mesurer ses conséquences au moment où l'entreprise concernée se trouvera dans l'obligation de concevoir sa stratégie de survie ou d'élaborer son programme de développement à moyen terme.

XII

CHOIX STRATEGIQUES ET APPROCHE DU MARCHE POTENTIEL

Contrairement à certaines idées reçues, tout acteur économique met en œuvre une stratégie dès lors qu'il agit de façon cohérente en vue d'atteindre un objectif déterminé ou un ensemble d'objectifs eux-mêmes choisis de façon cohérente et, par conséquent, compatibles. L'objectif stratégique n'est pas forcément à moyen ou long terme. L'industriel qui mobilise toutes ses énergies dans le seul but de « faire » ses échéances pratique une stratégie cohérente par rapport à l'objectif visé et, du point de vue de la rationalité, il importe peu qu'elle puisse être qualifiée de stratégie du désespoir tant qu'il existe encore une chance de survie.

Il se trouve cependant que le mot « stratégie », même démystifié, n'a pas très bonne presse dans les milieux de la petite et moyenne entreprise. Les dirigeants lui prêtent, à tort ou à raison, une connotation technocratique et sont las de se voir reprocher de manquer de sens stratégique, ce qui est effectivement le défaut des gens qui, comme PHILINTE, vivent de bonne soupe et non de beau langage. Peut-être vaut-il mieux, dans leur cas, leur parler de projet, ce qui fait plus « concret ». En toute hypothèse, une entreprise qui ne nourrit pas un véritable projet est dans la même situation qu'un individu qui se laisse aller au fil de l'eau. Qu'elle affiche ou non une stratégie apparente, elle risque fort d'être condamnée irrémédiablement à un grave échec par des courants porteurs qu'elle ne pourra contrôler, faute de points de repère. La navigation à vue peut se justifier dans des circonstances exceptionnelles. Par définition, elle ne peut apporter que des solutions provisoires. Même en période de chaos, la stratégie la plus efficace consiste à maintenir le cap tout en procédant aux ajustements conjoncturels nécessaires de savoir opérer en temps utile les changements qui s'imposeraient et la stratégie pratiquée n'était plus assez en rapport avec les réalités du terrain ou le contexte économique général.

Rappelons aussi qu'un agent économique, qu'il s'agisse de stratégies élaborées ou de projets plus rustiques, doit toujours être conscient que sa marge de manœuvre est limitée par les stratégies des autres intervenants : concurrents, clients, fournisseurs, banquiers et autres dispensateurs de crédits, administrations et organismes de toutes natures édicteurs de réglementations ; C'est dire combien il importe de connaître les éléments essentiels de ces stratégies, d'en saisir la signification et d'en tenir compte pour définir sa propre stratégie. Telle est la raison pour laquelle un chapitre entier a été consacré dans cet ouvrage à la notion d'intelligence économique.

Sous réserve de ces observations préliminaires, ce 12e chapitre, qui aurait pu tenir lieu de conclusion, tente de déterminer à grands traits les diverses stratégies pouvant être envisagées par des industriels dont le projet n'est pas seulement de laisser leurs entreprises se perpétuer dans l'être le plus longtemps possible. Pour ces entrepreneurs, l'emploi du mot « entreprenant » nous paraît suspect, il s'agit de tirer le meilleur ou le moins mauvais parti des changements économiques, organisationnels et techniques qui sont en cours ou se dessinent. Tâche difficile s'il en fut. Il va de soi que le choix de stratégies appropriées leur incombe exclusivement. On se contentera donc de leur fournir pour chaque option un nombre limité d'informations sur les moyens dont l'emploi, à notre avis mérite d'être envisagé. En particulier, le dernier paragraphe de ce chapitre s'efforcera de mettre en évidence les caractéristiques les plus actuelles de l'approche marketing. Pas seulement à l'intention des firmes qui passent progressivement de la sous-traitance industrielle au sens strict à ce qui justifie maintenant la dénomination de « sous-traitance élargie » telle qu'elle vient d'être proposée par le SESSI dans sa nouvelle enquête sur les liaisons industrielles (Cf. chapitre I-§III). Certes, ces firmes méritent à tous égards une attention particulière ; mais il existe aussi d'autres catégories d'entreprises qui se trouvent confrontées à des choix stratégiques très délicats, soit pour bien gérer leurs situations de sous-traitantes de deuxième ou de troisième rangs, soit pour conserver une spécificité garante de leur liberté d'action. Cette diversité de situations ne saurait, au surplus, s'opposer à une mise en facteurs communs sur quelques points qui paraissent être d'une importance essentielle ; parce que, quoi qu'il advienne, ce sera toujours une chose différente que de produire et vendre sur catalogues des biens destinés à un marché final et de vendre des savoir-faire.

Dans le même esprit, la dernière annexe contenue dans cet ouvrage consiste dans un présentation très schématique des principaux dispositifs d'assistance ou de conseil d'utilisation courante qui sont en mesure de faciliter la solution des problèmes de différentes natures qui se posent le plus fréquemment aux entreprises de taille modeste placées à la croisée des chemins

I - PREMIERE OPTION : *rester à l'état de simple sous-traitant.*

Que cette option soit choisie délibérément ou imposée par l'impossibilité de prendre un autre parti, le fait de rester simple sous-traitant ne dispense nullement l'industriel concerné d'apporter à ses donneurs d'ordres les services qu'ils sont en droit d'attendre d'un homme de l'art expérimenté. Au premier rang de ces services, se trouve l'instauration d'une coopération active à l'amélioration des procédés et à la réduction des coûts. L'obligation de conseil constitue un minimum déontologique. Accepter une spécification qui, compte tenu des conditions d'utilisation connues, ne respecteraient pas les règles de l'art dans leur état actuel et pourraient mettre en danger le fonctionnement d'une installation et la sécurité des personnes engagerait la responsabilité du sous-traitant.

Il est évidemment difficile de fixer les limites de cette obligation de conseil. Ce qui est certain, c'est que le pas est franchi lorsque le sous-traitant s'implique dans la mise au point d'un projet même s'il n'en arrête pas les caractéristiques en dernier ressort. La question de savoir à partir de quel moment il assume les responsabilités juridiques d'un vendeur et non plus celles du titulaire d'un contrat d'entreprise n'est pas sans intérêt. Il existe assurément une zone grise où le fournisseur a joué un rôle trop déterminant dans la conception d'un ouvrage pour qu'il ne puisse s'exonérer totalement de la responsabilité des erreurs commises. Mais, à l'inverse, se contenter d'un rôle de strict exécutant, c'est se placer dans une situation très proche de celle d'un loueur de main d'œuvre, avec tous les risques de précarisation et de mauvaise image sociale que cela représente.

Au chapitre IX, il a été déjà insisté sur la nécessité d'améliorer sa qualification dans le domaine où un sous-traitant de deuxième niveau s'estime le plus compétent. Non seulement pour fidéliser le partenaire de premier niveau dont il reçoit les ordres et, à travers lui, le chef de file du réseau dans lequel il est intégré ; mais aussi pour diversifier sa clientèle et devenir autant que possible multi-sectoriel.

Le cumul de ces diverses exigences crée inévitablement d'importantes charges financières. Elles s'ajoutent à celles qui sont liées à la mise en place d'un système de gestion de la qualité et à l'obtention d'un certificat ISO9000. Une entreprise ne peut y faire face si santé financière est mauvaise ou même si ses comptes sont tout juste équilibrés. Dans le second cas, aucun banquier n'accepte de l'aider si elle ne se soumet pas à un effort rigoureux de restructuration et de remise en cause. Ce qui signifie : chasse impitoyable aux dépenses improductives et au gaspillage, cession pour mise à la casse des matériels anciens qui occupent inutilement de la place et exigent trop de frais d'entretien, recours à d'autres sous-traitants mieux équipés pour effectuer à meilleur coût certains travaux.

L'amélioration de la flexibilité constitue une autre condition à remplir pour demeurer compétitif dans cette situation de sous-traitant de deuxième rang. Cette amélioration doit permettre la réalisation d'économies de fonctionnement appréciables grâce à une meilleure utilisation des équipements. La flexibilité est aussi l'un des services auxquels, habituellement, le client tient le plus. En outre, en facilitant la desserte de plusieurs donneurs d'ordres importants dont les besoins ne varient pas forcément dans le même sens, elle permet un meilleur lissage des plans de charge, sauf en période de surchauffe ou de sous-emploi généralisés. Bien entendu, plus l'entreprise est petite et plus l'alternance des périodes de haute et de basse conjoncture crée des problèmes délicats. Il n'est pas aisé de conserver un potentiel de main d'œuvre très qualifiée mais parfois excédentaire mais l'emploi de titulaires de contrats à durée déterminée et d'intérimaires pour faire face aux pointes de la demande connaît aussi des limites. Les problèmes les plus difficiles se rencontrent dans les professions dont la réputation souffre particulièrement de la pénibilité réelle ou supposée des conditions de travail offertes à leurs salariés et qui, de ce fait, ne parviennent pas aisément à former un nombre suffisante de jeunes travailleurs pour assurer la relève des générations.

Il est incontestable que l'amélioration du niveau de flexibilité actuel, plus particulièrement dans le cas d'entreprises de sous-traitance contraintes à de fréquents ajustements de leurs rythmes de production, implique l'assouplissement de certaines dispositions du Code du Travail. Cet assouplissement doit-il être considéré comme un obstacle à la réduction des temps de travail ? Peut-il au contraire en constituer la contrepartie ? L'enjeu est de la plus haute importance pour les entreprises soumises aux servitudes d'un système Juste-à-temps. Un autre moyen d'accroître la flexibilité paraît consister dans l'application de formules qui permettraient sur la base d'un contrat global pluriannuel d'affecter successivement un même salarié à plusieurs entreprises ne connaissant pas simultanément les mêmes fluctuations d'activité[35].

II - DEUXIEME OPTION : *L'entrée dans la logique d'un partenariat de premier nivea*u

L'acquisition et la conservation du statut de partenaire d'une très grande entreprise, un constructeur automobile par exemple, sont subordonnées quatre sortes de conditions.

En premier lieu, le candidat au partenariat doit être en possession d'une excellente maîtrise de ses technologies, et il faut que celles-ci soient parmi les plus avancées dans les domaines considérées.

Deuxième condition, ce candidat doit s'être doté d'une organisation crédible. Le respect de l'échéancier fixé pour la réalisation des gains de productivité et des baisses de prix consécutives en dépend. Plus généralement, il faut être classé A sur le plan de l'assurance qualité.

La troisième condition réside dans la capacité d'apporter une participation active à la conduite des nouveaux projets dès le début du processus engagé pour leur élaboration en faisant preuve d'esprit d'innovation tout en respectant les prescriptions d'un cahier des charges fonctionnel, et sans perdre de vue l'obligation de ne pas dépasser le prix-objectif alloué pour le composant ou l'organe à réaliser.

Enfin, le postulant doit être capable d'accompagner la grande entreprise leader dans ses tentatives de pénétration sur des marchés lointains et parfois assez aléatoires en y créant des établissements stables, directement ou en association avec des firmes locales.

Il n'est pas possible de déterminer avec précision la taille critique dont l'atteinte pourrait faire présumer qu'une entreprise est en mesure de remplir ces quatre conditions simultanément. Certes, les grands

---

[35] Il y aurait là une application possible de la notion de contrat d'activité imaginé dans le cadre des travaux de la commission BOISSONAT

donneurs d'ordres font parfois état de ce qui constitue pour eux un minimum acceptable mais ces indications n'ont qu'une valeur indicative. Des situations exceptionnelles ne peuvent être exclues, notamment en faveur d'entreprises un peu trop petites mais très innovantes. Il n'en reste pas moins que la situation idéale pour bénéficier du statut de partenaire à part entière est celle des entreprises aptes à mobiliser des moyens financiers relativement importants au service d'un potentiel technique qui les classe parmi les premières dans leurs métiers de base.

Il n'est donc pas surprenant que la conjoncture actuelle soit marquée par deux évolutions liées aux modalités de développement du partenariat. L'une de ces évolutions fait sortir progressivement et par le haut de l'état de pur sous-traitant les entreprises présentant les caractéristiques mentionnées ci-dessus qui n'avaient pas encore fait le saut. Toutefois, bien que disposant désormais des moyens d'études et de l'organisation nécessaires pour travailler sur leurs propres idées, elles restent fortement marquées par leur passé. C'est dans leur cas, semble-t-il qu'il est le plus idoine de faire appel à la notion de « sous-traitance élargie », même si le substantif « sous-traitance » cesse de faire partie de leur vocabulaire. L'autre évolution prend la forme d'un mouvement de concentration dont le rythme s'est sensiblement accéléré au cours de ces dernières années. Il intéresse plus spécialement les industries mécaniques, la fonderie, la plasturgie et l'éléctronique. Nous avons cru bon d'en présenter en encadré dans les deux pages suivantes quelques exemples qui témoignent de la variété des solutions mises en œuvre.

**EXEMPLES DE STRATEGIES D'ADAPTATION
AU CONTEXTE ACTUEL**

AUGE DECOUPAGE-Usine Nouvelle 1996 - Laurence N'KAOUA

Cette entreprise qui emploie 300 salariés à BEASANCON, son site initial, a vu son chiffre d'affaires croître de 60 % depuis 1994, pour atteindre aujourd'hui 380 millions de francs, dont 80 % à L'EXPORTATION. Devenue leader principal des circuits de puissance intégrés (4 japonais et un allemand sont concurrents), cette société a créé un groupe qui emploie 700 personnes à travers le monde. Le holding familial AUGEFI dispose d'un bureau à SINGAPOUR et il est actionnaire de l'usine italienne SAT à CATANNE et ainsi que de la société de revêtements de surface auvergnate SOFITEM.

BRICKMANN - INDUSTRIES N° 21 octobre 1996.

Distributeur de composants électroniques à l'origine, cette société a élargi ses activités à la maintenance d'équipements industriels et à la fabrication de machines spéciales. L'entreprise accompagne systématiquement sa réponse aux cahiers des charges émanant de clients l'ayant consultée d'une analyse de la valeur. Cette démarche vise à mieux maîtriser les coûts et permet d'envisager plusieurs types de solutions afin de laisser au client le soin de choisir la solution la plus économique. Il s'agit, selon Mr BRICKMANN de « reformuler la demande du client avec des moyens plus innovants ou plus efficaces. » Ce qui peut permettre des progrès et des économies de 30 à 80 % suivant les niveaux d'entretien précédents. Le siège de l'entreprise est à STRASBOURG ; 87 salariés. CA de 82 MF en 1995 (+ 20 % en trois ans). Obtention récente d'un contrat avec MERCEDES

SOLECTRON FRANCE - industrie N° 21 octobre 1996

L'ancienne usine IBM de BORDEAUX fait partie depuis 1992 du groupe américain SOLECTRON. Lors de la reprise du site par ce groupe, la production était à 100 % IBM. Actuellement l'usine travaille pour 26 clients aux activités très diverses à concurrence des deux tiers du chiffre d'affaires. Au prix d'un effort d'investissements de modernisation considérable. Elle est le premier site français de fabrication et d'assemblage de cartes électroniques à être enregistrés au titre du règlement européen « eco-audit ». Le service de production électronique garantit au client un service global « portant non seulement sur la conception, la fabrication et la livraison du produit mais également sur l'optimisation des coûts. »

COLLOT TECHNOLOGIES - Industries N° 21 - octobre 1996

Située à LAXON (54), cette PME lorraine de 30 salariés fabrique des ensembles chaudronnés en inox destinés à des industries de pointe. Elle développe et maîtrise la maintenance de techniques très avancées pour réaliser des pièces en tôlerie fine (laser CO2 3D) et en chaudronnerie de précision. Pour élargir ses marchés, elle s'est associée avec un spécialiste de la mécanique de précision, CHARDIN et KRUUM. Elle ambitionne aussi de se joindre à un électronicien professionnel pour faire de la sous-traitance globale de produits équipés et testés en vue de se faire reconnaître comme un interlocuteur de premier rang face aux donneurs d'ordres.

SERIXEL/DELTA TECHNOLOGIES - Usine Nouvelle 17 juillet 1996 - Stanislas de GUERNY

Ces deux entreprises viennent de croiser leurs participations en capital. SERIXEL, qui appartient par le biais de FRANCE-ESSOR au groupe BOLLORE, a son siège à REDON où elle emploie 200 salariés. Elle est spécialisée dans le montage de cartes électroniques (CA : 110 MF) et possède une filiale, ERULEC, à CLEURIE dans les Vosges ; DELTA TECHNOLOGIES (120 salariés dont 70 ingénieurs et techniciens) réalise un chiffre d'affaires de 60 MF sur quatre sites. Spécialisée dans la conception des cartes électroniques et dans l'intervention dans l'informatique industrielle, elle dispose de bureaux d'études à TOULOUSE et à GRENOBLE. En dehors du domaine des cartes électronique, chacun des groupes conservera son autonomie et pourra développer des produits propres.

AROL TECHNOLOGIES/ARS INDUSTRIE - Usine Nouvelle 27 juin 1996 - Michel QUERUEL

La reprise d'ARS INDUSTRIE (ex-Ateliers ruraux de Savoie) devrait permettre le nouveau démarrage d'un ensemble qui emploie 160 salariés dans quatre localités de ce département. La nouvelle direction a décidé d'investir dans la création d'une unité de 4500 mètres carrés destinée à produire des circuits imprimés d'une finesse de définition inférieure à 100 microns. Le projet devrait permettre d'augmenter la production de 30 % et de créer 30 emplois à AIGUEBELLE d'ici deux ou trois ans.

En général, ces fusions sont de « bonnes fusions » en ce sens qu'elles ont pour objet d'accroître la complémentarité des productions des entreprises qui se rapprochent, de créer ou de renforcer des moyens d'études et de contrôle appropriés, de faciliter l'adoption d'un système informatique unique. Cependant, pour nécessaires qu'elles soient, ces mesures ne sont pas suffisantes. La nouvelle entité doit se doter très rapidement de structures capables d'assurer le développement de l'International. Ce qui soulève des problèmes de financement d'une acuité particulière. Ces problèmes sont d'autant plus difficiles à résoudre que, même dans sa nouvelle configuration, l'entreprise issue de la fusion, n'est pas encore susceptible dans la plupart des cas d'être introduite en Bourse pour y lever les capitaux dont elle a besoin[36] et que, d'autre part, les banquiers habituels ne sont pas forcément disposés à encourager leurs clients à courir les aventures lointaines. Le recrutement de collaborateurs possèdant tout à la fois, les qualifications techniques, la formation commerciale et l'état d'esprit requis pour prendre des responsabilités dans la gestion de la fonction internationale constitue une autre source de difficultés. Il est rare de trouver sur le marché français des professionnels disponibles qui possèdent en ce domaine une qualification réelle. En outre, ils ont tendance à donner la préférence à des entreprises bénéficiant d'une grande notoriété, quitte à se comporter comme le héron de la fable plutôt que d'accepter l'offre d'une PME.

L'obligation d'être présent sur un certain nombre des marchés étrangers limite les possibilités offertes aux groupements de co-traitants de s'intégrer dans la liste des partenaires directs des grandes compagnies multinationales. Sauf, mais le fait est assez rare, par la création d'une filiale commune disposant d'une surface financière suffisante pour pouvoir participer dans les mêmes conditions qu'une entreprise complètement autonome aux efforts d'implantation souhaités par les dirigeants du groupe qui fait fonction de chef de file.

III - TROISIEME OPTION : *La préservation de la plus large autonomie possible.*

Les réserves émises précédemment sur l'avenir des firmes peu spécialisées qui vivent principalement de travaux à la demande ne doivent pas conduire à condamner les activités qui ne sont pas asservies à une logique réseau. Il y a certainement place sur le marché pour des détenteurs de savoir-faire capables de réaliser des opérations exigeant la maîtrise d'une technologie particulière à un bon rapport qualité/prix. La réussite des entrepreneurs qui veulent continuer à travailler en « free lance » est avant tout affaire de tempérament, de sens commercial... et d'entregent. Ces trois conditions doivent être réunies pour qu'une clientèle nombreuse se constitue grâce à la notoriété acquise. L'industriel qui emprunte cette voie ne pourra pas se contenter d'être présent annuellement à une seule exposition. Il devra participer à plusieurs salons en donnant la préférence aux manifestations où il a le plus de chance de

---

36 Encore faut-il, pour envisager une introduction en Bourse, que les propriétaires de l'entreprise issue du rapprochement acceptent d'ouvrir son capital.

rencontrer ses anciens clients et de traiter de nouveaux marchés. Est-il besoin de se rappeler qu'une exposition se prépare en diffusant largement une note d'information ou un texte d'invitation plus personnalisé faisant connaître l'endroit où l'entreprise présentera son savoir-faire et les performances qu'elle peut mettre à son actif ? Ou de souligner que la participation à un salon perd une grande partie de son utilité en l'absence d'un véritable suivi, ce qui suppose un bon maniement de l'art de la relance ? Il va de soi que l'entreprise en cause devra figurer en bonne place dans les annuaires et les banques de données qui correspondent le mieux à sa spécificité et ne pas se positionner seulement sur Internet pour se mettre au goût du jour. Il n'est pas moins évident qu'elle devra faire preuve à la fois de précision et d'originalité dans l'élaboration de ses documents publicitaires, le bon usage voulant que ces documents ne soient ni trop ni trop peu somptueux. Ajoutons que de bons rapports avec la Chambre de commerce dont cette entreprise est ressortissante, la participation de son patron à un groupement d'industriels, voire au Rotary ou au Lion's, peuvent se révéler d'une grande utilité. En résumé, cette troisième option n'est viable qu'à la condition de sortir de la banalité et de le faire savoir.

IV - QUATRIEME OPTION : *L'industrialisation de produits ou de procédés mis au point par des inventeurs.*

Cette option n'est nullement incompatible avec celles qui ont été évoquées précédemment mais elle peut aussi fonder l'activité d'une entreprise sur une certaine forme de spécialisation. Elle consiste, pour une telle entreprise, à organiser des rapprochements avec les auteurs d'innovations qui ne peuvent ou ne veulent pas prendre eux-mêmes les responsabilités de l'acte de production, soit parce qu'ils n'en ont pas les moyens financiers, soit parce qu'ils désirent se consacrer exclusivement au lancement commercial de ce qu'ils ont inventé tout en entreprenant de nouvelles recherches. Selon les cas, ce rapprochement peut aboutir à la conclusion d'un accord de coopération avec création d'une société d'exploitation des brevets en cause ou d'un simple contrat de sous-traitance. Ces pratiques sont d'un usage très courrant aux Etats-Unis, en particulier dans la Silicon Valley. Elles contribuent à rendre très actif le marché des brevets. Les inventeurs américains estiment, en effet, qu'il est plus rentable pour eux de poursuivre leurs « successories » que de prendre en charge la gestion d'un parc machines. Tout au moins dans un premier temps. En France, l'intervention de sous-traitants expérimentés pourrait faciliter notamment l'aboutissement des opérations soutenues par l'ANVAR à condition de ne pas être liée systématiquement à des apports de capitaux qui augmentent considérablement les risques d'un échec éventuel. Il est à peine besoin de souligner l'intérêt que peut présenter à cet égard le resserrement des liens existant entre l'ANVAR et la SOFARIS. Les sous-traitants ont à prendre conscience du fait que l'innovation constitue pour eux un second marché dont l'existence devrait offrir des possibilités de conversion extrêmement précieuses aux firmes touchées par les restrictions de commandes militaires. Encore faut-il qu'ils puissent obtenir un minimum de garanties de la part d'un organisme solvable avant de se lancer dans la réalisation de produits qui n'ont pas encore fait leurs preuves sur le marché.

V - *QUELQUES REFLEXIONS SUR LE MARKETING DE LA SOUS-TRAITANCE.*

Le temps n'est plus où le patron d'une entreprise de sous-traitance pouvait être son unique vendeur. Ce constat vaut même pour les très petites affaires. A l'époque où prédominaient des relations de proximité, la fonction commerciale pouvait rester à l'état embryonnaire, sans qu'il en résultat des inconvénients notoires. Ultérieurement, ces inconvénients ont été ressentis davantage ; mais pour l'essentiel, le chef de l'entreprise a conservé la plupart du temps la responsabilité directe de cette fonction. S'il s'est adjoint des collaborateurs, ce fut surtout pour les charger de tâches qu'il avait tendance à considérer comme secondaires par rapport aux tâches de production et sans leur déléguer aucun pouvoir de décision ni même de négociation. Il est vrai qu'un patron qui a fondé lui-même ou développé considérablement l'affaire qu'il dirige éprouve des difficultés à se comporter autrement qu'en homme-orchestre. D'autant plus qu'il ne peut éviter de payer de sa personne quand une négociation prend une tournure décisive. La situation est évidemment différente dans les entreprises dirigées par deux ou plusieurs associés ou membres d'une même famille. Une certaine répartition de tâches permet de spécialiser l'un des animateurs dans le « commercial ». Il n'en reste pas moins que, plus l'entreprise grossit, plus il est nécessaire d'étoffer la fonction commerciale et d'en faire une force de vente efficace. S'il n'est pas encore possible de faire les frais d'un agent commercial plein temps, le mieux est d'adhérer à un groupement qui puisse disposer d'au moins un représentant expérimenté. Celui-ci devra apporter son concours pour la prospection de certains marchés et servir de conseil pour les négociations qui pourraient présenter des difficultés particulières. Il faut aussi, car la fonction commerciale ne peut être exercée dans l'ignorance des pièges juridiques auxquels un preneur d'ordres peut être exposés, que l'entreprise puisse aussi compter sur le concours d'un juriste qualifié, capable d'examiner attentivement les projets de contrats qui ne sont pas conformes aux conditions de vente en vigueur dans la profession.

On ne dira jamais assez que les méthodes de marketing et l'approche de la clientèle ne peuvent être celles qui sont en vigueur pour des ventes de biens de consommation quand il s'agit de vendre des savoir-faire. Il y a forcément des éléments communs dans les deux démarches, ne serait-ce qu'en raison de la part de marchandage qu'elles comportent inévitablement. Mais c'est une chose de proposer un produits aux caractéristiques bien définies, cataloguable, faisant l'objet d'une tarification préétablie pouvant au moins servir de base de discussion et c'en est une autre de parcourir tout le chemin qui mène à la conclusion d'un contrat portant sur la réalisation d'un bien ou d'une prestation spécifiques. Dans le deuxième cas, l'absence ou l'insuffisance des bases de comparaison offertes par des opérations antérieures constitue souvent, à elle seule, un lourd élément d'incertitude. Faute de tarifs ou de barèmes de référence, le jeu est généralement plus ouvert, les marges de négociation sont plus grandes. A moins, bien évidemment, que le donneur d'ordres ait fixé un prix-objectif, ce qui conduit à mettre davantage l'accent sur la qualité et l'étendue des prestations fournies par le vendeur. Le dialogue doit être conduit en étroite interaction entre le technique et le commercial. Il est significatif que, pour déterminer les responsabilités respectives d'un donneur et d'un preneur d'ordres en cas de manifestation d'un vice non apparent, la jurisprudence française fasse appel à la notion de « professionnels de même qualification ». Le technico-commercial doit être en conséquence un vrai technicien et un vrai commercial. Il en résulte qu'un bon vendeur de savoir-faire doit avoir reçu une double formation.

Compte tenu des exigences mentionnées ci-dessus, on peut se demander si les postes d'agents technico-commerciaux, quand ils ont été créés, doivent être pourvus en donnant une teinture de commercial à des techniciens qui entament une nouvelle partie de leurs parcours professionnels comme c'est presque toujours le cas actuellement ? L'évolution en cours semble démontrer qu'il y a intérêt à organiser aussi des formations initiales spécifiques. Dès lors qu'un sous-traitant exerce une activité d'une certaine importance, son entreprise est contrainte de prendre en charge des opérations de plus en plus complexes et en évitant d'être en trop net état d'infériorité dans des négociations dont les enjeux sont pour elle considérables. Ses propres négociateurs vont se trouver en présence de cadres du niveau ingénieur ou équivalent. Mais il n'est pas question d'égaler systématiquement sur le plan théorique. Mais le représentant de cette entreprise doit être capable d'exprimer clairement et sans complexe son point de vue face à des interlocuteurs qui ne sont que trop enclins à le dominer. Il convient donc qu'il soit rompu aux mêmes efforts d'analyse et de synthèse. Ce qui suppose la transformation de la technicité acquise en une véritable culture technologique fondée elle-même sur une certaine forme de culture générale tendant à affiner les modes de pensée mais n'ayant nullement pour objet d'accumuler des notions théoriques et des connaissances sans aucun rapport avec le métier exercé. Un savoir-être doit s'ajouter au savoir-faire pour créer un bon climat. Mais sans forcer le ton car c'est une faute professionnelle que de vouloir séduire à tout prix l'acheteur ou le technicien auquel on s'adresse. Plus encore parce que, si le partenariat signifie développement du « relationnel », des relations humaines doivent s'établir sur une base de considération réciproque.

Ces instructions paraissent justifier l'organisation de formations au métier de savoir-faire sur plusieurs points du territoire choisis de préférence en fonction d'une forte densité d'activités engagées dans la voie du partenariat et tenant compte de la nature des industries concernées. L'expérience malheureusement interrompue de l'ISSTEM de MOULINS pourrait servir de précédent[37]. Sans entrer dans les détails, on peut estimer que les bénéficiaires de cette formation devraient être recrutés au niveau bac + 2 comme ce fut le cas pour cet Institut dans la perspective d'une scolarité d'une ou deux années autant que possible sur la base

---

37 Créé à l'initiative de la Chambre de Commerce et d'industrie de MOULINS-VICHY. L'Institut Supérieur pour la Sous-traitance et le Management (ISSTEM) a dispensé en 1992-1993 et 1993-1994 une telle formation aux titulaires de diplôme d'IUT. D'une durée d'un an, cette formation comprenait un enseignement de sept mois, un stage court dans des services d'achat et un stage de quatre mois dans une entreprise preneuse d'ordres ; l'interruption ne fut pas due à des raisons d'ordre pédagogique mais à la difficulté d'élargir l'aire de recrutement pour constituer des promotions de stagiaires suffisamment nombreuses.

de contrats d'apprentissage. Le programme de la première année devrait comporter, parallèlement, des enseignements de caractère généraliste et d'autres plus spécifiques. La deuxième année devrait permettre aux stagiaires de se familiariser avec les méthodes de prospection des marchés étrangers et la négociation des contrats avec des acheteurs appartenant à des entreprises n'ayant pas leurs sièges en France. Des options seraient également prévues, les unes concernant un secteur déterminé, les autres rendant possibles des formations à la carte (par exemple, animation d'un groupement de sous-traitants ou préparation à la gestion d'un cabinet spécialisé dans des recherches d'opportunités). Une voie spéciale devrait être ouverte aux professionnels ayant exercé leur activité pendant plusieurs années des emplois qui leur ont permis d'acquérir une bonne expérience technique dans un domaine où leur qualification leur permettra assez facilement de trouver des débouchés à l'issue de leur scolarité. Diverses modalités peuvent être envisagées pour ce second type de formation dont la durée ne devrait pas dépasser un an.

VI - *PAS DE BONNES RELATIONS COMMERCIALES SANS DES RELATIONS JURIDIQUES CLAIRES*

L'expérience démontre que, trop souvent, au lieu d'apporter une protection aux sous-traitants contre les excès ou les abus possibles, la traduction en termes juridiques de leurs rapports avec les donneurs d'ordres contribue à aggraver l'état d'inégalité qui caractérise la situation d'une firme de taille modeste face à une grosse entreprise infiniment plus puissante. Cette aggravation est en grande partie la conséquence d'une idée qui conduit à s'abstenir de toute discussion sérieuse des clauses du contrat proposé par le client, la crainte de perdre la commande l'emportant sur toute autre considération. Or, l'insertion d'une clause ambiguë ou, à plus forte raison, léonine peut avoir des conséquences bien plus dramatiques que l'éventualité d'une rupture. Mieux vaut renoncer à une opportunité, si important en soit l'enjeu, que de s'engager dans une coopération qui démarre sous de mauvais auspices. Mais il se trouve aussi que de nombreux dirigeants de PMI, de formation presque exclusivement technique, éprouvent une réelle allergie à l'égard du juridique et ne se préoccupent pas suffisamment du contenu, des conditions d'achat figurant au dos d'un bon de commande ou incluses dans un contrat-cadre. Et, quand le mal est fait...

C'est la raison pour laquelle la vigilance juridique doit aller de pair avec la vigilance commerciale. Il est indispensable de faire preuve de cette vigilance juridique lorsqu'il s'agit de traiter avec un nouveau client en sachant que les plus grandes précautions ne permettent pas toujours s'être assuré de sa solvabilité ou de sa bonne foi. Mais cela ne dispense pas pour autant que cette vigilance doive se relâcher vis-à-vis de clients plus anciens sous prétexte que, avec eux, « on n'a jamais eu de pépin ». Il se peut fort bien qu'une modification d'apparence anodine par rapport à des documents antérieurs ait une portée considérable.

Il faut également se rendre compte que l'organisation du partenariat a pour conséquence l'élaboration de conventions de plus en plus complexes puisque leur objet porte, non seulement sur une fabrication déterminée pour des quantités et pendant une durée qui peuvent être aléatoires mais aussi sur toute une série de prestations complémentaires. De telle sorte qu'il n'est pas toujours possible, même pour des juristes avertis, de savoir en quoi consiste l'objet principal d'un contrat et dans quels cas des manquements peuvent entraîner sa résolution.

Les sous-traitants ont donc tout intérêt à se référer aux conditions générales de vente élaborées par leurs professions et faisant l'objet d'un dépôt officiel au tribunal de commerce de Paris, soit pour les faire prévaloir, soit, tout au moins, pour vérifier qu'il n'existe pas dans les conditions d'achat données par un donneur d'ordres des dispositions qui seraient en contradiction avec elles et en tirer éventuellement des conséquences pouvant aller jusqu'au refus de contracter.

Il convient aussi, dans le même ordre d'idées, de signaler l'existence de guides pour l'établissement de contrats de sous-traitance dont la consultation peut s'avérer extrêment utile.

Le plus ancien de ces documents est le Guide contractuel des relations de sous-traitance publié par le Centre National de la Sous-traitance, le CENAST, en 1975. Son contenu reste actuel et son emploi mérite d'être conseillé pour la profession en cause. Il existe, en effet, un « Guide pour l'élaboration d'un contrat de sous-traitance électronique », résultat des participations conjointes de la Compagnie des Dirigeants d'approvisionnement et Acheteur de France, le Syndicat Nationale des Entreprises de sous-traitance et deux autres organisations professionnelles du secteur de l'électronique[38] ainsi que différents modèles de contrats plus spécialement adaptés à la nature de certaines activités.

De son côté, la Commission Européenne (DG XXIII) vient de présenter un « Guide pratique des régimes juridiques de la sous-traitance industrielle dans la Communauté Européenne » qui a été rédigé avec le concours de l'Université Catholique de LOUVAIN-LA NEUVE dont la possession est à recommander dans tous les cas de conclusion de contrats avec des entreprises situées dans d'autres pays de l'Union Européenne.

---

38 Guide édité en 1992 et pouvant être commandé soit aux organisations qui ont participé à sa rédaction, soit à POOL STRATEGIE - 22 rue du Parc - 22000 QUIMPER.

CONCLUSIONS : AU TRAIN OU VONT LES CHOSES...

Concernant le très proche avenir le titre de l'éditorial signé par Daniel COUE et Agathe REMOUE et publié dans le numéro MIDEST 1996 de l'USINE NOUVELLE se suffit amplement : « L'activité se maintient, la visibilité se raccourcit. » Et de souligner que 23,6 % des entreprises interrogées estiment en septembre-octobre 1996 qu'elles n'ont des plannings correctement chargés qu'à moins de quatre semaines. Il y en avait seulement 14,3 % qui se trouvaient dans ce cas à la fin de 1995. Un premier semestre 1996 relativement satisfaisant aura donc été suivi d'une fin d'année plus incertaine. Jouer aux pronostics en matière de sous-traitance est toujours un exercice périlleux. Pour 1997, les perspectives sont plutôt moroses car la consommation des ménages risque fort de rester « molle » et la reprise tarde à se manifester pour la construction automobile.[39] Reste à espérer un redémarrage de l'investissement en cas de poursuite du mouvement de baisse des taux de crédit, compte tenu des besoins de s'équiper dans des technologies les plus avancées qui se manifestent pour certaines catégories d'entreprises. La vogue actuelle de l'usinage à très grande vitesse en fournit un exemple significatif.

*

* *

Bien entendu, les conclusions de cet ouvrage ne peuvent s'arrêter à ces seules considérations sur le court terme. Son titre oblige à s'interroger sur les conséquences à moyen terme de l'essor des technologies du futur sur la formation et la gestion des relations inter-entreprises. A coup sûr, il faut s'attendre à des bouleversements considérables mais nous ne nous hasarderons pas à en prévoir le rythme et à définir avec précision les principaux points d'impact. Trop d'exercices de futurologie antérieurs ont vu leurs prévisions se réaliser à des taux qui permettaient, au mieux, de constater que le verre était à moitié rempli.

---

39 Dotés en 1996 par l'octroi de primes pubiques

Néanmoins, on peut estimer que certaines évolutions dont on aperçoit déjà les premiers signes se confirmeront et provoqueront des modifications décisives dans quatre domaines.

1/ *En premier lieu, le dialogue se fondera de plus en plus sur la transmission d'images virtuelles.*

Il est probable que les conditions de ce dialogue seront modifiées à maints égards par la possibilité de reproduire à distance et en trois dimensions les pièces ou les organes dont les spécifications sont à fixer dans des conditions qui permettront d'imaginer une infinité de variantes. Cette possibilité sera aussi mise à profit pour tenter de résoudre des incidents survenus en cours de production ou pour apporter des améliorations au schéma initial. Grâce à l'organisation en temps réel d'une collaboration intime entre les partenaires, des formes plus évoluées de conception et de production assistées par ordinateur verront le jour.

2/ *L'intelligence du marché jouera un rôle décisif dans le choix des activités et dans la sélection des partenaires.*

L'augmentation de la puissance des outils informatiques disponibles sera telle qu'elle mettra tous les opérateurs dans l'obligation d'engranger et d'exploiter des informations d'un volume sans aucun rapport avec ce qui est possible en utilisant les moyens qui sont aujourd'hui les plus performants... Dès lors, l'existence des inforoutes devrait accélérer le rythme déjà rapide de la mondialisation des échanges. C'est donc à une échelle très élargie qu'il faudra dresser l'inventaire des interlocuteurs possibles. Pour ne pas se laisser dépasser par la concurrence, il y aura lieu d'utiliser les ressources qui permettront le mieux d'acquérir une vision très fine du segment de marché considéré.

Il convient de concevoir et de lancer rapidement, pour tenir compte de ces perspectives, des programmes d'actions destinés à assurer une utilisation coordonnée des répertoires et banques de données permettant d'identifier l'offre et la demande sur le marché européen de la sous-traitance tout en élargissant progressivement au plan mondial le cadre des recherches.

3/ Certaines formes de sous-traitance seront propices au développement du télétravail.

Tout en restant prudent pour ne pas céder à certains effets de mode, il n'est pas déraisonnable d'estimer que le télétravail pourrait favoriser l'émergence de nouveaux modes opérationnels non seulement dans le domaine de la sous-traitance de services mais même dans celui de la sous-traitance manufacturière. Un tel développement fait surgir des questions auxquelles nous ne sommes pas encore en mesure de répondre. Nous devrons donc nous contenter d'évoquer deux facteurs qui sont certainement à prendre en considération dans tout essai de délimitation du champ d'application du télétravail dans des secteurs qui sont en apparence peu propices à une très grande dispersion des outils de production.

D'une part, il semble que le recours au télétravail implique l'emploi d'équipements de faibles volumes et d'un coût en rapport avec la valeur ajoutée générée par l'unité de production qui prend généralement la forme d'une entreprise unipersonnelle ou d'une société à très faible effectif. D'autre part, il existe de fortes chances pour que le télétravail se développe surtout, pour les tâches manufacturières, dans des activités correspondant aux niveaux les plus bas de la sous-traitance en chaîne. Il se peut aussi qu'il incite à délocaliser encore plus des activités dans des pays du tiers monde.

4/ ENCORE PLUS DE MONDIALISATION

« Last but not least » l'intensification des communications entre des acteurs économiques séparés par de très longues distances nous offre un quatrième sujet de réflexion. Assisterons-nous seulement à la poursuite à son rythme actuel du mouvement d'externalisation concernant les activités n'ayant pas un caractère suffisamment stratégique pour que leur gestion soit conservée en interne. Ou bien les nouvelles solutions disponibles en matière d'échange de données permettront-elles d'aller plus loin ? De telle sorte que le producteur d'un système aurait ainsi le choix entre une infinité de solutions pour mener à bien son programme et n'aurait plus à se déterminer qu'en fonction des connaissances, des compétences et des outils de travail qu'il s'estime capable – ou qu'il a envie – de mettre en œuvre. En d'autres termes, les choix entre faire et faire

faire seraient influencés profondément par des comportements prométhéens.

Les choses n'iront peut-être pas aussi loin. Dans une vue plus réaliste, on peut estimer que le souci de conserver une maîtrise technologique globale et le besoin d'affirmer les spécificités fondatrices de l'image de marque inciteront au maintien d'un niveau d'intégration qui ne sera pas symbolique. Les risques de conflits sociaux lourds peuvent aussi imposer, tout au moins pour un certain temps, des limites aux mouvements d'externalisation et de délocalisation. C'est ainsi que BOEING et les principaux constructeurs automobiles américains ont accordé récemment un droit de regard sur les nouvelles opérations de sous-traitance qui pourraient être en projet. La conservation à DETROIT et à SEATTLE de noyaux durs de personnels très qualifiés était sans doute à ce prix. En Europe, de tels conflits ne manqueront pas de se produire si les Etats membres de l'Union ne tentent pas d'harmoniser leurs politiques sociales et laissent subsister, dans le traitement des travailleurs, des disparités qui attirent les emplois à créer ou à transférer vers les pays où le retour aux situations sociales du 19e siècle tend à devenir un argument de vente.

*
* *

Il peut paraître tardif d'avoir attendu d'en être à la conclusion pour mettre l'accent sur le social. Mais, en réalité, la préoccupation du social a été sous-jacente tout au long de ce livre. Car l'entreprise, qu'elle soit grande ou petite, n'est pas une abstraction. Tout ce qui tend à marginaliser une PME marginalise son personnel. Tout ce qui déséquilibre les rapports de production inter-entreprises est facteur de déstabilisation pour l'ensemble des travailleurs intéressés, y compris ceux de la firme dominante qui vivent dans la hantise de l'externalisation. En revanche, le partenariat est un phénomène socialement positif s'il permet de substituer à des tâches de simple exécution, des tâches d'un tout autre niveau intellectuel sans toutefois substituer au surmenage physique un surmenage nerveux et une fatigue cérébrale tout aussi intolérables.

Enfin, non pas pour terminer sur une note optimiste, mais parce que nous en sommes profondément convaincus, il nous semble qu'il n'existe aucun obstacle majeur à l'épanouissement des qualités humaines dans le cadre d'une sous-traitance dont la réalité, quel que soit le niveau de participation interfèrerait avec celle du partenariat. En particulier, les progrès technologiques les plus spectaculaires ne dispensent pas l'homme au travail d'acquérir les connaissances intimes et les savoir-faire qui sont à la base des arts manufacturiers. Dans ce monde du 21e siècle, il est absolument essentiel que le facteur humain, pour ne pas dire l'humanisme, conserve sa place dans l'acte de production.

ANNEXE I
LA SOUS-TRAITANCE JAPONAISE : CHANGEMENTS EN COURS[40]

On rappellera brièvement que le système de sous-traitance japonais se caractérisait depuis l'origine par une allégeance de type quasi-féodal et l'existence de liens quasi-exclusifs entre donneurs et preneurs d'ordres. Ce système possédait déjà une structure pyramidale, le nombre des sous-traitant de premier niveau étant sensiblement plus faible qu'en Occident. L'ensemble était fondé sur la confiance. En fidèle vassal, le sous-traitant était tenu de ne rien négliger pour donner satisfaction à son donneur d'ordres et pour remplir ses obligations de conseil et d'assistance. De son côté, le « suzerain » avait à remplir de multiples devoirs, y compris sur le plan financier en cas de besoin, pour faire progresser son vassal dans la bonne direction. Le dispositif constitué par la grande entreprise et les firmes placées sous son obédience formaient sous le nom de keiratsu un bloc monolithique. Un système analogue à beaucoup d'égards à celui de l'emploi à vie. De telle sorte que l'on est tenté, dans les deux cas, d'y voir le jeu de facteurs culturels spécifiques et d'en faire de beaux champs d'application pour la querelle de l'inné et de l'acquis. Quitte à constater que des phénomènes de rupture dus en grande partie à l'évolution des mœurs accompagnant des changements de générations provoque l'assouplissement voire même la remise en cause de ces deux systèmes.

Coïncidant avec cette évolution, la baisse antérieure de la natalité a été la cause d'une pénurie de main-d'œuvre disponible pour les activités industrielles qui s'est accentuée progressivement à partir de 1980, le début de la décennie actuelle paraissant marquer un tournant décisif.

Dans un premier temps, les entreprises qui ont eu le plus à souffrir de cette pénurie de main-d'œuvre ont créé des implantations dans des régions excentrées du territoire où subsistaient des excédents démogra-

---

40 Sources : On a utilisé principalement les publications d'Yveline LECLERC : « Partenariat industriel : la référence japonaise » (LIMONEST – L'interdisciplinaire – 1993) et « Délocalisation industrielle et restructuration du système de sous-traitance japonais » – EBIS 1995 N° 10) – Peuvent être aussi consulté : « Penser à l'envers ; – travail et organisation dans l'entreprise japonais » – Benjamin CORIAT (Christian Bourgeois 1991) ainsi que notre ouvrage de 1991, pages 147 à 151.

phiques. Pour la première fois de son histoire, TOYOTA s'installa hors de la préfecture d'AICHI en créant notamment une filiale à KYOSHU où de nouvelles méthodes de travail et de gestion de la production furent expérimentées en vue d'humaniser les conditions d'emploi et de les rendre plus attractives. Les fournisseurs traditionnels restant dans la région d'AIACHI, il fallut en même temps réorganiser les systèmes d'approvisionnement, ce qui rendit nécessaire la reconstitution de mini-stocks tampons pour des raisons de sécurité d'approvisionnement.

Progressivement, la pénurie de main-d'œuvre nationale incita un nombre croissant de PME Japonaises à puiser dans les réservoirs d'actifs disponibles dans les pays du Sud-Est asiatique où les coûts salariaux étaient notoirement plus faibles. En 1988, sur un total de 2 723 cas d'investissement à l'étranger, (ont été le fait de PME, soit 60 % de l'ensemble. Mais ensuite, la part des pays nouvellement industrialisés du Sud-Est asiatique a décru. En 1992, elle ne représentait plus que 11,3 % du montant total des investissements réalisés par les PME contre 28,3 % en 1986. Dans le même espace de temps, la part de la Chine continentale est passée de 8,5 à 40,4 %. Celle des pays de l'ANSEA, qui décollent seulement, de 6,3 à 22,3 %. Mais, sauf dans le cas du Viet Nam, proche de la Chine, elle commence maintenant à décliner. On constate aussi une forte réduction du nombre des implantations aux Etats-Unis. Leur nombre atteignait 50 % de l'ensemble au début des années 1980 au moment où de nombreux sous-traitants japonais durent accompagner aux USA leurs grands donneurs d'ordres. On peut prévoir toutefois que l'attirance des pays asiatiques, y compris ceux qui se sont récemment industrialisés, restera forte au cours des prochaines années. Mais, désormais, ce sera surtout en raison de l'existence de taux de croissance spectaculaires pour la plupart d'entre eux.

Actuellement, le Japon absorbe à lui seul plus de la moitié des exportations réalisées par les PME de ce pays qui se sont implantées à l'étranger. Pour les PME japonaises spécialisées dans la sous-traitance qui demeurent sur le sol national, obligation leur est faite de se restructurer et de glisser vers des productions de niveau technologique élevé en s'orientant vers les industries les plus innovantes, créant ainsi une plus grande valeur ajoutée. Par exemple, en passant à la réalisation et au montage de composants pour ordinateurs de dernière génération. Les résultats encourageants enregistrés par les grands constructeurs japonais devraient, sauf retournement de la conjoncture, inciter les PMI à poursuivre dans cette stratégie de réorientation.

Le retour en force de ces constructeurs est dû, en effet, à la réalisation des efforts qu'ils ont accomplis sur des marchés à taux de croissance très élevés situés en Amérique Latine et en Asie du Sud-Est. Il s'explique aussi par le lancement dans des délais très abrégés (deux ans et demi pour TOYOTA) de modèles moins chers à l'achat. L'aménagement de nouveaux sites dans les zones mentionnées ci-dessus ne devrait pas pour autant inciter les fournisseurs japonais à effectuer de nouvelles délocalisations. Sauf cas particulier, il sera possible de faire appel à des fournisseurs locaux ayant des coûts moins élevés ou garantissant une meilleure sécurité d'approvisionnement.

Les sous-traitants qui sont restés au Japon tentent aussi de renforcer leurs positions en diversifiant leurs clientèles. Il en résulte une réduction du lien de dépendance qui les unissait à leurs donneurs d'ordres traditionnels. Un même sous-traitant peut désormais travailler pour le compte de constructeurs automobiles ou électroniques concurrents. Un tel changement implique évidemment une modification des rapports qui existaient au temps où l'exclusivité du donneur d'ordres était la règle. Ces rapports ne peuvent plus être placés au même degré sous le signe de la confiance. Les transferts de compétence ne peuvent plus être gérés aussi librement qu'auparavant.

Selon Yveline LECLERC, « La plupart des spécificités qui avaient amené à qualifier le système japonais de modèle relationnel par rapport au système transactionnel occidental semblent donc aujourd'hui touchées... » Mais l'auteur ajoute : « Plutôt que d'envisager la disparition pure et simple des keiratsu, peut-être est-il plus prudent aujourd'hui de considérer que c'est l'image pyramidale de la division nationale du travail qui s'effrite pour laisser la place à des réseaux beaucoup plus complexes et mondialisés ».

ANNEXE II
L'INDUSTRIE DU DECOLLETAGE EN HAUTE-SAVOIE[41]

Le décolletage est une industrie de haute précision dont l'activité consiste dans la fabrication de pièces essentiellement métalliques tournées à partir de barres ou de couronnes et comportant, éventuellement après reprise, des usinages divers. Cette industrie est issue de l'horlogerie, ce qui explique ses origines savoyardes. Les principaux secteurs clients sont l'automobile, l'électronique, l'électro-ménager, le médicochirurgical (prothèses notamment), certaines industries de luxe (briquets, stylos) et, toujours, l'horlogerie, en dépit de l'emploi généralisé des mouvements électroniques.

En 1994, l'industrie française du décolletage comptait 198 firmes de 20 salariés et plus employant 11 181 salariés dont 120 en Haute-Savoie faisant vivre 7 387 salariés (Source SESSI). Le reste de l'industrie est assez dispersé sur l'ensemble du territoire à l'exception d'un centre d'une certaine importance situé dans la région du VIMEU (Picardie maritime) et spécialisé dans le décolletage de pièces de plus gros volume qu'en Haute-Savoie. La situation de la vallée de l'Arve, dont le centre économique est CLUSES, est aussi caractérisée par la présence sur le site d'une très forte densité d'ateliers artisanaux. Ceux-ci apportent un élément de flexibilité extrêmement précieux pour le fonctionnement de l'ensemble mais la survie de cet artisanat ne saurait manquer de poser problème en une période dominée par l'impératif de concentration.

On constate, en effet, une diminution de 10 % du nombre des entreprises et de 5 % des effectifs depuis 1990. La concentration répond à trois nécessités :

– se plier aux exigences des grands donneurs d'ordres qui ont pour politique de réduire le nombre de leurs fournisseurs directs. C'est ainsi que SOGEDAC (PSA) qui en employait plusieurs dizaines est passée à 4 fournisseurs de produits décolletés.

---

41 Sources : Etude SESSI N° 57 janvier 1996 « L'industrie du décolletage du fil de l'Arve » – La Croix 29 mai 1992 : « Nuages sur la « Décolletage Valley » Ghislaine MASSON – La Cote DESFOSSES 13 mars 1992 : Le décolletage savoyard s'engage dans la formation ».

– exporter davantage. Le taux d'exportation est passé de 19 à 23 % de 1990 à 1994 alors que, dans le reste du pays, l'exportation n'a pas progressé dans cet intervalle. Ce qui prouve que, en dépit de la concurrence montante des pays de l'Est et des pays d'Asie, moins regardant en matière de sécurité, la profession conserve et même améliore ses positions sur les marchés extérieurs face à ses rivaux traditionnels suisses et italiens.

– réaliser des productions plus complexes ou comportant plus de valeur ajoutée ; ce qui se traduit par une évolution vers la micromécanique et la production de pièces de fonctions ou de sous-ensembles.

Dans cette vallée de l'Arve où le taux de chômage est relativement peu élevé et où l'on voit se développer le travail temporaire, la formation de la main-d'œuvre qualifiée revêt une importance qui a justifié la création d'un grand lycée technique spécialisé. Les diplômes de techniciens, régleurs spécialisés ou contrôleurs qualités peuvent être obtenus par contrats de qualification de 18 mois à 2 ans par les jeunes possédant un BEP, un bac professionnel, un BTS ou un DUT de micromécanique.

CLUSES est le siège du Centre Technique du Décolletage qui emploie 80 personnes et joue un rôle considérable tant dans l'assistance technique que dans la formation permanente. Le Syndicat National du Décolletage, qui compte 180 adhérents dont une centaine en Haute-Savoie, s'est également installé à CLUSES en 1989. A signaler enfin l'existence du Salon biennal de la machine-outil de décolletage qui se tient à LA ROCHE-sur-FORON et constitue un élément d'animation d'importance mondiale pour tout ce qui touche à l'évolution technologique de cette industrie.

ANNEXE III

LE BASSIN D'OYONNAX ; LA PLASTIC VALLEY[42]

La Plastic Valley est le pôle historique de la transformation des matières plastiques en France. Elle constitue un site unique en termes de concentration d'outils et de savoir-faire liés aux plastiques. Il est caractérisé par la co-existence d'une centaine d'entreprises industrielles faisant travailler environ 10 000 salariés et d'un millier d'artisans employant à-peu-près le même effectif. Mais ce pôle se présente réamite comme un ensemble plus complexe en raison du développement sur place de nombreuses activités annexes. Les moulistes méritent une mention particulière en raison du rôle fondamental qu'ils jouent vis-à-vis des plasturgistes. La fabrication du moule est, en effet, une opération longue, complexe et nécessitant souvent un très haut degré de qualification. Le mouliste doit, en outre, participer à la mise au point du moule, puis, pendant la durée de son utilisation, à sa maintenance et aux modifications qui se révèleraient nécessaires.

Néanmoins, la conservation des avantages concurrentiels du pôle nécessitera d'importants efforts d'adaptation de la part de ses industriels compte tenu de l'agressivité commerciale déployée par la concurrence nationale et étrangère. L'avenir du pôle dépend dans une large mesure :

– de l'amélioration de la qualité et de l'organisation passant par la généralisation de la certification qualité, l'acquisition de nouveaux outils de production et de gestion, l'acquisition de compétences dans le domaine des études, la mise en œuvre de nouvelles technologies.

– des progrès à réaliser en matière d'automatisation

– du développement d'actions commerciales consistant à se rapprocher des clients et à rechercher de nouveaux partenaires, notamment à l'exportation.

---

42 Cette annexe s'est très largement inspirée du contenu d'une étude effectuée par le cabinet ERNST & YOUNG sur l'avenir de la Plastic VALLEY dont le Directeur Monsieur Marc CAFFET, Directeur de la DRIRE Rhône-ALPES a bien voulu nous communiquer les conclusions.

— de la réussite d'une politique d'alliance et de rapprochement d'autant plus souhaitable que de nombreux industriels n'ont pas la taille ou les structures nécessaires pour bien intégrer les nouvelles exigences de leurs métiers.

De ce point de vue, le renforcement des moyens de formation et de recherche appliquée locaux ainsi que le recours aux services proposés par le CORIST (Cf. Chapitre II) revêtent une importance particulière.

ANNEXE IV

Note de la Délégation à l'Action régionale et aux PMI (Département développement des entreprises) relative au programme de travail 1997 : de la section « Industrie » de la Commission Technique de la Sous-Traitance »[43]

Réunions et travaux réalisés depuis octobre 1995.

Dans un souci de relance des travaux sur la sous-traitance et à l'initiative de la DARPMI (SDITR), la section « Industrie » de la CTST a validé, lors de la réunion du 24 octobre 1995, la création de groupes de travail afin de faire des propositions concrètes sur des thèmes considérés comme prioritaires par les membres de la section, compte tenu des évolutions constatées dans le domaine de la sous-traitance. Trois thèmes ont été sélectionnés, donnant lieu à la constitution de trois groupes de travail :

– groupe de travail « Développement de la fonction commerciale : achat et vente ».

– groupe de travail « Diversification sectorielle des marché ».

– groupe de travail « Commission juridique » qui a reçu pour missions, d'une part d'apporter un appui juridique aux deux groupes de travail indiqués ci-dessus et, d'autre part de s'auto-saisir de toutes questions d'ordre juridique qu'elle estimerait devoir examiner.

A ce jour, les deux premiers groupes de travail se sont chacun réunis 8 fois tandis que la commission juridique s'est réunie 5 fois. Les premiers résultats des travaux menés au sein de ces groupes sont résumés ci-après :

1 - *Développement de la fonction commerciale : achat et vente*

– Elaboration d'un guide de développement de la fonction commerciale à l'intention des sous-traitants : une réflexion a été engagée pour l'élaboration d'un cahier des charges pour la réalisation de ce guide ;

---

[43] Commission interministérielle créée par le décret N° 7668 du 20 juillet 1976 en vue d'étudier les problèmes posés par la pratique de la sous-traitance et de suggérer aux pouvoirs publics toutes mesures en cette matière. Cf. « De la sous-traitance au partenariat industriel » - pages 131 à 136).

– Mise en place d'une année de formation « Sous-traitance industrielle » destinée à des étudiants titulaires d'un bac technico-commercial : un cahier des charges de ce type de formation est en cours d'élaboration ;

– Expérimentation en Bretagne d'une action auprès des entreprises, relative au développement de la fonction commerciale : suivi de cette expérimentation et examen des conditions pour une généralisation.

2 - Diversification sectorielle des marchés

– Conception et élaboration d'un guide de diversification sectorielle des marchés à destination des entreprises de sous-traitance.

Un cahier des charges pour la réalisation de ce guide a été élaboré et fait actuellement l'objet d'un appel d'offres.

3 - Les questions juridiques

Elaboration d'un avant-projet de loi visant à actualiser les dispositions de la loi de 1975 relative à la sous-traitance : les principes de ce projet de loi, exposés dans notre note n° 96-363/346 du 13 août 1996, ont été entérinés par le Cabinet.

PROGRAMME POUR LES MOIS A VENIR

– Elaboration du guide de la fonction commerciale chez les sous-traitants.

– Finalisation du cahier des charges et mise en place de l'année de formation « Sous-traitance industrielle » à titre expérimental à compter de la rentrée 1997 dans un établissement d'enseignement volontaire.

– Etude et définition des conditions de généralisation de l'action collective relative à la fonction commerciale actuellement développée en Bretagne.

2 - Diversification sectorielle des marchés

– Suivi, au sein du comité de pilotage, des travaux relatifs à la conception et l'élaboration du guide de diversification sectorielle (pilotage des travaux qui devraient démarrer début 1997).

3 - Les questions juridiques

– Elaboration du texte du projet de loi visant à actualiser les dispositions de la loi de 1975 relative à la sous-traitance.

– Examen des problèmes touchant à la protection juridique des sous-traitants, en particulier les problèmes d'assurance.

*
*   *

ANNEXE V
RIOST
CALENDRIER des MANIFESTATIONS

SPECIALISEE DANS LA PRESENTATION DES SAVOIR-FAIRE DES SOUS-TRAITANTS

1997	JAN	FEV	MAR	AVR	MAI	JUIN	JUIL	AOU	SEP	OCT	NOV	DEC	1998
ALLEMAGNE													
FAMETA (Nürnberg)													05-08/06
I A A (Frankfurt)									11-21				
I A A (Hanover)													05-13/09
ILA ' 92 (Berlin-Schönefeld)													18-24/06
PRODUCTRONICA (München)											11-14		
TERRA TEC (Leipzig)			4-7										
ZULIEFERBÖRSE (Berlin-Schönefeld)		26-27											11
ZULIEFERUNG & WERKSTOFFE (Hannover)				14-19									20-25/04
BELGIQUE													
INTERREGIO (Bruxelles)													v

DANEMARK												
METAL (Fredericia)												12-18/03
ESPAGNE												
SUBCONTRATACION (Bilbao)					24-27							
FINLANDE												
SUBCONTRACTING (Tampere)					17-19							IX
FRANCE												
ALLIANCE (Lyon)				13-16								V
ALLIANCE SUD (Bordeaux)						1-3						
BIENNALES d'ORLEANS			18-21									
Le BOURGET (Paris)							15-22					
FIP (Oyonnax)							17-20					
FIRST (Nantes)												III
FIST (Strasbourg / Dijon)					24-26							YES
MAINTEQ (St. Emilion)	14-15											13-14/01
MIDEST (Paris)										24-28		YES
MOLDEXPO (Détroit, USA / Paris)												Paris

PROCEED (Nancy)					21-24		X
REGIOTECH (Lille)	26-28						YES
RIST (Valence)	18-20						III
RITH (Rouen)				18-21			
SAITAS (Grandvillars)			2-4				YES
SIAM (Toulouse)	11-13						
SITRA (Alès)							XI
GRANDE-BRETAGNE							
SUBCOM (Birmingham)							YES
IRLANDE							
ELECTRONIX (Dublin)							X
ENQUIP (Dublin)							YES
ITALIE							
BIAS / Fortronic (Milan)							YES
MICROELETTRONICA (Vicenza)							V
SFORTEC (Milan)							X
SITEV (Turin)							XI

SUBFORMNITURA (Parma)			8-11						V
NEDERLANDE									
EUREGIO (Maastricht)	19-21								
VAT (Utrecht)									27-30/01
PORTUGAL									
SUBCONTRATO (Porto)									XI
SUEDE									
ELMIA ALUMINIUM (Jönköping)				11-14					
ELMIA SUBCONTRACTOR (Jönköping)									
SUISSE									
SIAMS (Moutier)		23-26							26-30/05
SUBTEC (la Chaux-de-Fonds)									
SWISSTECH (Basel)									24-28/11
MAROC									
SISTEP (Casablanca)									X
TUNISIE									
SOUMED (Sfax)									YES

ANNEXE VI

LES CONTACTS LES PLUS UTILES

I - *Au niveau administratif :*

– les DRIRE (Directions Régionales de l'Industrie, de la recherche et de l'Environnement.)

Ces directions sont les interlocuteurs de droit commun des industriels. Elles peuvent notamment faciliter vos contacts auprès d'autres administrations, vous orienter vers la procédure qui pourrait lui paraître la plus appropriée après un premier examen de vos dossiers, instruire s'il y a lieu une demande de concours du Fonds Régional d'Aide au Conseil (FRAC).

– *la Direction de l'action Régionale et de la petite et moyenne Industrie* (DARPMI) dont le Département « Développement des entreprises » assure la vice-présidence et le secrétariat de la Commission Technique de la Sous-Traitance.

Vous pouvez faire connaître vos suggestions ou griefs à ce secrétariat (20 avenue de Ségur 75353 PARIS 07 SP - Tél : 01 43 10 28 53 FAX 01 43 19 27 06 que vous soyez donneur d'ordres ou preneur d'ordres (avec copie à la DRIRE de préférence) :

– *le Service de Statistiques Industrielles* du Ministère de l'Industrie, également 20 avenue de Ségur, dont la consultation nous semble indispensable pour toute étude de marché.

Prendre contact avec la *Délégation Régionale de l'ANVAR* pour tout ce qui concerne le développement d'une innovation et son industrialisation éventuelle – en matière de commerce extérieur, et en liaison avec votre Chambre de Commerce et d'Industrie, il y a lieu de prendre contact avec le Directeur Régional du Commerce Extérieur, notamment pour préparer une mission ou un voyage de prospection à l'étranger. Sauf urgence, ne pas s'adresser directement aux Postes d'Expansion Economique car, faute de temps disponible ils ne peuvent traiter utilement que des dossiers bien préparés et justifiant réellement une intervention des pouvoirs publics français ou un « pilotage » sur place.

II - *Au niveau consulaire :*

Toutes les Chambres de Commerce et d'Industrie disposent d'un service ou tout au moins d'un responsable des questions industrielles qui peut vous donner des avis d'orientation autorisés et vous renseigner sur les diverses procèdures d'aide et de concours financiers en vigueur au plan national, régional ou local. En outre, 9 chambres régionales (Midi-Pyrénées, Picardie, Bretagne, Alsace, Franche-Comté, Auvergne, Aquitaine, Limousin-Poitou-Charente, Ile de France) et 17 chambres de base disposent de collaborateurs spécialisés dans le domaine de l'aide technique et du conseil aux sous-traitants. Leur concours peut se révéler particulièrement utile si vous êtes désireux de bénéficier d'une participation collective à un salon spécialisé (Cf. Annexe XI).

III - *Au niveau professionnel :*

Il nous faut faire mention :

– des douze syndicats représentés au sein du Groupement Intersyndical de la Sous-Traitance, lui-même rattaché à la Fédération des Industries Mécaniques (39-41, rue louis Blanc – 92400 COURBEVOIE Cedex 72 – Tél : 01 47 17 6391/92 - Fax ; 01 47 17 63 93). Sont membres du GIST, outre le Syndicat Général de la Fonderie, les syndicats suivants : Estampage, forge, matriçage ; frittage - Découpage, emboutissage, repoussage, - Traitement et revêtement des surfaces – Décolletage - Mécanique industrielle, usinage-de précision, moules et modèles - Ressorts - Boulonnerie-visserie - Engrenages - Chaudronnerie - Association française de la mécanique de haute précision - Groupement des Industries transformatrices des métaux en feuilles - Union intersyndicale des fabricants d'articles pour la table, le ménage et les activités connexes.

– de la Fédération de la Plasturgie et de son organisme de conseil, le COREST (Cf. chapitre II-6 3) = 65, rue de Prony 75854 Paris cedex 17 – tél : 01 44 01 16 16 Fax : 01 42 67 77 19 ;

– du Syndicat National des Entreprises de Sous-traitance Electronique - 20, rue du Parc BP 1312 29103 QUIMPER Cedex - Tél : 02 98 95 17 20 FAX 02 98 64 29 36

– du Centre National de la Sous-traitance (CENAST) qui est chargé d'une mission de coordination et de représentation sur un plan interministériel. Est éditeur de diverses publications dont les plus connues sont le Guide Contractuel des relations de sous-traitance, un guide « Faire ou faire faire » et la Charte de la Sous-traitance. L'adresse est la même que celle de la Fédération de la Plasturgie.

– les bourses de sous-traitance :

Deux organismes remplissent officiellement cette fonction : la Bourse de sous-traitance de l'Est (BSTE) : 10, rue Victor Poirel 54 015 NANCY Cedex Tél : 03 83 36 71 54 Fax : 03 83 32 56 18 – la Bourse de sous-traitance du Centre-Ouest : 13, rue Buffon 37011 TOURS Cedex 1 BP 1125 Tél : 02 47 05 44 15 Fax : 02 47 05 61 97.2. Certaines unions départementales interprofessionnelles assurent également pour le compte de leurs adhérents un service qui tient lieu de bourse de sous-traitance. La plus connue se trouve à la Maison des Profession à MARQ EN BAREUIL et dessert donc la métropole régionale du Nord-Ouest de Calais.

IV - A toutes fins utiles :

– Il est bon de savoir que le concours de la Compagnie des Dirigeants d'Approvisionnement et Acheteurs de France, la CDAF (6, rue Paul Cézanne - 93364 NEUILLY - PLAISANCE Cedex - Tel : 01 43 08 20 20) peut contribuer non seulement au développement de la fonction Achat dans les entreprises qui sont à la fois preneurs et donneuses d'ordres mais aussi à l'amélioration de méthodes de négociation ayant pour objectif la création d'une situation « GAGNANT-GAGNANT . La CDAF organise à cet effet à son siège et en province de nombreux séminaires qui peuvent être suivis avec intérêt par des PME sous-traitantes.

– Les services compétents de l'AFNOR (Tour Europe-92049 PARIS-LA DEFENSE Cedex Tel : 01 42 91 55 55) sont à la disposition de toute entreprise appelée à se doter d'un système de gestion de qualité susceptible de faire l'objet de

Collection *Etudes d'Economie Politique*
*dirigée par Dominique Desjeux
et Marc Flandreau*

Depuis quelques années, les profondes mutations économiques et sociales qui bouleversent le monde ont mis en évidence le rôle central des institutions car elles sont tout à la fois les véhicules et les produits du changement : tout naturellement, l'étude des institutions occupe une place croissante dans l'analyse économique, tant dans les courants dominants que chez les "hétérodoxes". Si les méthodes d'approche ou l'angle d'analyse varient d'une "école" à l'autre, ces courants ont aujourd'hui en commun le souci de faire une place plus grande aux sciences sociales, à l'histoire ou aux sciences politiques.
L'objet de la collection Etudes d'Economie Politique est de servir de forum à un ensemble de monographies scientifiques qui participent de cette démarche, et qui s'attachent, au travers d'une réflexion tout à la fois théorique et empirique, à explorer les liens entre économie et institutions.

Déjà parus

Marc FLANDREAU, *L'or du monde: la France et la stabilité du système monétaire international 1848-1873*, 1995.
Cécile DAUBRÉE, *Marchés parallèles et équilibres économique: les cas des pays d'Afrique sub-saharienne*, 1995.
Gilles JACOUD, *Le billet de banque en France (1796-1803): de la diversité au monopole*, 1996.
Barry EICHENGREEN, *L'expansion du capital. Une histoire du système monétaire international*, 1997.
Jean-Pierre DORMOIS, *L'économie française face à la concurrence britannique à la veille de 1914*, 1997.

Collection *Villes et Entreprises*
dirigée par Alain Bourdin
et Jean Rémy

La ville peut être abordée selon des points de vue différents : milieu résidentiel, milieu de travail, milieu de culture. Ceux-ci peuvent être entremêlés ou séparés. Il en va de même des groupes sociaux qui communiquent à travers ces divers types d'enjeux. La dimension économique n'est jamais absente, mais elle entre en tension avec la dimension politique.

Ainsi peut-on aborder la conception urbanistique ou architecturale, l'évaluation des politiques sociales ou socio-économiques et les formes d'appropriation par divers acteurs.

Pour répondre à ces interrogations, la collection rassemble deux types de textes. Les premiers s'appuient sur des recherches de terrain pour dégager une problématique d'analyse et d'interprétation. Les seconds, plus théoriques, partent de ces problématiques ; ce qui permet de créer un espace de comparaison entre des situations et des contextes différents.

La collection souhaite promouvoir des comparaisons entre des aires culturelles et économiques différentes.

Dernières parutions

N. MASSARD, *Territoires et politiques technologiques : comparaisons régionales*, 1996.
D. LOUIS, *Naissance d'un site urbain - Les avatars locaux des politiques nationales*, 1996.
C. CHANSON-JABEUR, X. GODARD, M. FAKHFAKH, B. SEMMOND, *Villes, transports et déplacements au Maghreb*, 1996.
L. VOYÉ (collectif), *Villes et transactions sociales. Hommage au professeur Jean Rémy*,1996.
S. DULUCQ, *La France et les villes d'Afrique Noire francophone*, 1996.
D. BAZABAS, *Du marché de rue en Haïti*, 1997.
B. COLOOS, F. CALCOEN, J.C. DRIANT et B. FILIPPI (sous la direction de), *Comprendre les marchés du logement*, 1997.
C.-D. GONDOLA, *Villes miroirs. Migrations et identités urbaines à Kinshasa et Brazzaville (1930-1970)*, 1997.
O. SÖDERSTRÖM (ed), *L'industriel, l'architecte et le phalanstère*, 1997.
M. MARIÉ, *Ces réseaux qui nous gouvernent*, 1997.

Collection *Logiques Economiques*
dirigée par Gérard Duthil

Déjà parus

ABDELMALKI Lahsen, COURLET Claude, *Les nouvelles logiques du développement.*
BARET Serge, *Monnaie, finance et dépendance aux Antilles françaises.*
BARREAU Jocelyne (ed.), *L'Etat entrepreneur.*
BECART Alain, *Intégration et développement.*
BELLIVIER Muriel, *Le Juste-à-temps.*
COURLET Claude, SOULAGE Bernard, *Industrie, territoires et politiques publiques.*
DEVOUE Elina, *Recherche et développement régional.*
DJELLAL Faridah, *Changement technique et conseil en technologie de l'information.*
DUMEZ Hervé et JEUNEMAITRE Alain, *Diriger l'économie : l'Etat des prix en France (1936-1986).*
DU TERTRE Christian, *Technologie, flexibilité, emploi : une approche sectorielle du post-taylorisme.*
DUTHIL Gérard, *Les entreprises face à l'encadrement du crédit.*
DUTHIL Gérard, *Les politiques salariales en France, 1960-1992.*

*Les Cahiers de
la Bibliothèque du développement*

Déjà parus

Gabriel ZOMO YEBE, *Comprendre la crise de l'économie gabonaise*, 1993.
Jean-Paul AZAM, Catherine BONJEAN, Gérard CHAMBAS, Jacky MATHONNAT, *Le Niger, la pauvreté en période d'ajustement*, 1993.
Jean-Yves LESUEUR, Patrick PLANE, *Les services publics africains à l'épreuve de l'assainissement : une évaluation économique et sociale*, 1994.
Christian GROOTAERT, *Réformes économiques et analyse de la pauvreté, l'expérience de la Côte d'Ivoire*, 1996.
Paul NOUMBA UM, *La privatisation des télécommunications, le cas des pays en développement*, 1997.

Collection *Défi-Formation*
dirigée par Guy Le Bouedec

Cette collection vise trois objectifs majeurs :
— Prendre appui sur des pratiques de formation. Celles-ci sont situées, décrites et analysées. Puis une théorisation en est proposée, à la fois par une approche interne et par une approche externe.
— Valoriser l'interaction formation-pratiques sociales.
— Dans cette perspective, proposer des contributions au développement de la problématique et de la méthodologie de la formation-action-recherche.

Dernières parutions

Jacques GUIGOU, *Critique des systèmes de formation des adultes (1968-1992)*, 1993, 320 p.
Guy LE BOUEDEC et Alain de LA GARANDERIE (sous la dir. de), *Les études doctorales en sciences de l'éducation*, 1993, 168 p.
Jean-Yves ROBIN, *Radioscopie de cadres. Itinéraire professionnel et biographie éducative*, 1994, 192 p.
Gilbert ADLER (ed.), *Récits de vie et pédagogie de groupe en formation pastorale*, 1994, 160 p.
Dominique CAMUSSO, *Développement cognitif et entreprise*, 1995.
Dominique BIENAIMÉ, Odile PAVIET-SALOMON, *Des outils pour un projet de formation, de la représentation au projet*, 1997, 256 p.
Jean-Yves ROBIN, *Chefs d'établissements. Dans le secret des collèges et lycées. Récits d'une responsabilité*, 1997.

Collection ***Communication et Civilisation***
dirigée par *Nicolas Pelissier*

Comité de lecture : Olivier Arifon, Christine Barats, Philippe Bouquillion,
Agnès Chauvau, Philippe Le Guern, Tristan Mattelart, Cécile Meadel,
Arnaud Mercier, Dominique Pages, Francoise Papa

Design des couvertures : Philippe Quinton

La collection ***Communication et Civilisation***, créée en septembre 1996, s'est donné un double objectif. D'une part, promouvoir des recherches originales menées sur l'information et la communication en France, en publiant notamment les travaux de jeunes chercheurs dont les découvertes gagnent à connaître une diffusion plus large. D'autre part, valoriser les études portant sur l'internationalisation de la communication et ses interactions avec les cultures locales.

Information et communication sont ici envisagées dans leur acception la plus large, celle qui motive le statut d'interdiscipline des sciences qui les étudient. Que l'on se réfère à l'anthropologie, aux technosciences, à la philosophie ou à l'histoire, il s'agit de révéler la très grande diversité de l'approche communicationnelle des phénomènes humains.

Cependant, ni l'information, ni la communication ne doivent être envisagées comme des objets autonomes et autosuffisants. Leur étude montre que toute société a besoin d'instances de médiation et qu'ils constituent des composantes à part entière du processus de civilisation. Or, à l'Ouest, à l'Est, au Nord et au Sud, ce processus admet des formes souvent spécifiques, parfois communes, mais toujours à découvrir.

Déjà parus

Sophie BACHMANN, *L'éclatement de l'ORTF*.
Anne MAYÈRE, *La société informationnelle*.
Hélène CARDY, *Construire l'identité régionale*.
Philippe QUINTON, *Design graphique et changement*.
Anne NIVAT, *Quand les médias russes ont pris la parole*.
Dana RUDELIC-FERNANDEZ, *Jeunes, Sida et langage*.
Marie-Christine MONNOYER, *L'entreprise et l'outil informationnel*.

Collection *Economie et Innovation*
*dirigée par S. Boutillier
et D. Uzunidis*

Dans cette collection sont publiées des ouvrages d'économie et/ou de sociologie industrielle, financière et du travail mettant l'accent sur les transformations économiques et sociales suite à l'introduction de nouvelles techniques et méthodes de production.
Thèmes privilégiés:
- théorie économique de l'innovation
- le progrès technique dans l'histoire de la pensée économique
- stratégies des acteurs économiques et sociaux face au changement technique
- nouveaux rapports économiques internationaux, place de la finance et de l'industrie
- nouvelles approches organisationnelles
- entrepreneurs et entreprises
- Etat et croissance économique : régulation/dérégulation
- analyse prospective et méthodes d'évaluation des programmes scientifiques et techniques
- innovation technologique et travail
- gestion du temps de travail et libéralisation des économies
Les ouvrages de cette collection s'adressent aux étudiants de maîtrise de sciences économiques et de sociologie, aux étudiants des grandes écoles et aux chercheurs et enseignants-chercheurs.

Dernières parutions

J. L. CACCOMO, *Les défis économiques de l'information. La numérisation*, 1996.
D; UZUNIDIS, S; BOUTILLIER, *Le travail bradé. Automatisation, flexibilité et mondialisation,* 1997.
C. PALLOIS, Y. RIZOPOULOS, *Firmes et économies industrielle*, 1997.

A paraître

S. BOUTILLIER, D. UZUNNIDIS, *Entrepreneurs, strates et structures. Petites entités productives aux États-Unis, en France et au Japon.*
R. DI RUZZA, Y. BOUCHUT, *Les mutations technologiques en question. Modèles et systèmes productifs.*

Collection *Administration et Aménagement du territoire*
dirigée par Jean-Claude Néméry

Administrer, aménager le territoire constitue une des missions fondamentales des Etats modernes. Gérer les espaces de quotidienneté et de proximité dans le cadre de la décentralisation et de la démocratie locale, assurer le contrôle administratif et financier de l'action publique, anticiper l'avenir pour assurer un meilleur développement grâce à la prospective sont les objectifs essentiels des pouvoirs publics.
Cette collection *Administration et Aménagement du territoire* doit répondre aux besoins de réflexions scientifiques et de débats sur cet ensemble de sujets.

Dernières parutions

Gérard IGNASSE (sous la direction de), Préface d'André LEGRAND, *Fonction publique et formation continue en Europe,* 1997.
Jean Claude NEMERY, *Construire la dynamique des territoires*, 1997.

Collection *Technologie de l'Action Sociale*
dirigée par Jean-Marc Dutrenit

Déjà parus

P. Caspar, *L'accompagnement des personnes handicapées mentales*, 1994.
J.-M. Dutrenit, *Evaluer un centre social*, 1994.
Collectif, *Diagnostic et traitement de l'enfant en danger*, 1995.
J.-C. Gillet, *Animations et animateurs*, 1995.
M. Lepage-Chabriais, *Réussir le placement des mineurs en danger*, 1996.
M. Born, *Familles pauvres et intervention en réseau*, 1996.
Collectif, *Traiter la violence conjugale*, 1996.
P. Nicolas-Le Strat, *L'implication, une nouvelle base de l'intervention sociale*, 1996.
J. Zaffran, *L'intégration scolaire des handicapés*, 1997.
M. Larès-Yoël, *Mon enfant triso*, 1997.
R. Lafoustrie, *Vieillesse et société, A l'écoute de nos aînés*, 1997.
Y. Vocat, *Apprivoiser la déficience mentale*, 1997.
A. Jellab, *Le travail d'insertion en mission locale*, 1997.

Collection *Sciences et Société*
dirigée par Alain Fuchs
et Dominique Desjeux

Charles HALARY, *Les exilés du savoir. Les migrations scientifiques internationales et leurs mobiles*, 1994.

Collection *Logiques de Gestion*
dirigée par *Michel Berry et Jacques Girin*

Déjà parus

BONARELLI P., *La réflexion est-elle rentable ? De la décision en univers turbulent*, 1994.
HéMIDY L., *La gestion, l'informatique et les champs. L'ordinateur à la ferme*, 1994.
GUIGO D., *Ethnologie des hommes des usines et des bureaux*, 1994.
BOUILLOUD J.-P et Lecuyer B.-P. (eds), *L'invention de la gestion*, 1994.
CHARUE-DUBOC F. (ed.), *Des savoirs en action. Contributions de la recherche en action*, 1995.
GIROD-SEVILLE M., *La mémoire des organisations*, 1996.

Collection
Didactique des Logiques Economiques

Déjà parus

HECKLY Ch., *Eléments d'Economie pratique.*
DUTHIL G., VANHAECKE D., *Les statistiques descriptives appliquées à l'économie de l'entreprise.*

536951 - Juillet 2013
Achevé d'imprimer par